Mélaine BERAUD

Comment les douleurs neuropathiques m'ont-elles transformée ?

A ma famille qui m'a poussée à écrire ce livre en pensant que cela pourrait m'aider, et comme d'habitude, ils avaient raison. Je vous aime (on ne le dit jamais trop). Sans vous, je ne serais rien.

SOMMAIRE

Moi, c'est Mélaine, j'ai 22 ans et je suis étudiante dans une école de cinéma pour devenir secrétaire de production. ***Enfin, tu sors de l'ombre.*** Cette petite voix ? N'y prêtez pas attention, c'est simplement ma conscience qui me parle. ***Tu veux dire ta bêtise plutôt ? Plus sérieusement, il m'arrive de dire des trucs intelligents (mais seulement de 10 à 17h, du lundi au vendredi).*** Dans ces écrits, je n'ai pas besoin de mentir, de donner le change car ceux qui liront ce livre, le liront pour avoir un témoignage, du soutien, ou pire encore, des solutions. Si c'est le cas je vous arrête tout de suite. Je vous fais même gagner du temps : vous pouvez vous arrêter là : des solutions je n'en ai pas, je ne suis pas médecin, guérisseuse… Je suis une patiente qui, en désespoir de cause, cherche un exutoire. Désolé, rien de plus, rien de moins, je ne peux rien faire pour vous. ***Néanmoins si vous trouvez une solution, ce serait cool de la partager.***

Dans ce livre, je veux juste dire aux personnes qui souffrent (que ce soit de douleurs neuropathiques ou d'autres choses) que vous n'êtes pas toutes seules. Cherchez des associations, discutez sur des forums Internet, envoyez des pigeons voyageurs… ***(Bon, ok, je plaide coupable, c'était une blague, ce n'est pas parce que le sujet est sérieux que l'on ne peut pas en*** *rire)* Je ne sais pas, moi, utilisez n'importe quel moyen à votre portée et vous aurez une réponse. Peut-être que ce sera dans des années, peut-être que ce sera dans une autre langue mais vous aurez une réponse. Alors, ne perdez pas espoir ! Il faut juste faire preuve de patience. Comme dirais Rabelais : « Tout vient à point a qui peut attendre ». ***Oh ça va, tais-toi, Mr Je sais tout !*** Pour une, fois je suis d'accord avec moi-même, attendre c'est long, c'est pénible et plus simple à dire qu'à faire quand on souffre (physiquement ou psychologiquement). Mais, vous savez quoi ? On est plutôt chanceux, on n'est pas arrivé à l'époque d'Hitler parce qu'avec lui, ça aurait été très expéditif : « Vous avez mal ? On va faire des expériences sur vous pour que ça ne se reproduise plus ». ***Je te vois face à ton livre, ferme la bouche tu ressembles à un poisson hors de l'eau. JE RIGOLE. ZEN.*** Comme j'ai un handicap, j'ai le droit d'en rire et ne vous en gênez pas pour en rire avec moi, cela permet de décompresser et, apparemment, rire est bon pour la santé.

CHAPITRE 1 : L'ENFANCE

A ma famille, vous êtes géniaux !

Au bout d'un moment, il faut assumer ses erreurs et essayer de les régler tant qu'il en est encore temps. *Si quelqu'un doit, un jour, lire ces écrits, c'est sûrement une des phrases la plus importante et qui aurait pu m'éviter de nombreuses souffrances et de nombreuses pertes de temps.*

Un exemple, tout simple et facile à comprendre : avant de déménager, j'allais, une fois toutes les six semaines pour une durée de 1H, chez le kinésithérapeute. Encore, aujourd'hui, six ans après mon arrêt soudain de rééducation pour une durée de neuf mois, je me retrouve à aller chez la kinésithérapeute deux fois par semaine pour une durée moyenne de trente minutes. Aujourd'hui, c'est, sans aucun doute, une des choses que je regrette le plus. Même si je n'ai que 22 ans, j'ai déjà des regrets, j'ai privilégié mon confort et ma fierté au détriment de 15 ans de ma vie à me rééduquer. J'admets que j'ai encore quelques souvenirs qui me reviennent et que je me rappelle avec nostalgie : j'étais capable de relever mes deux pointes de pieds en même temps. Maintenant, j'en suis totalement incapable : si mes orteils droits tressautent un minimum, en simultané avec mon pied gauche, c'est déjà le bout le monde. Non, de manière objective, je regrette cette décision car elle m'a coûtée des progrès et pas mal de douleur. J'aurais dû être plus raisonnable. Mais, d'un autre côté, je ne regrette pas, j'ai eu, pendant quelques mois, l'impression d'être relativement normale ce qui reste déjà une maigre consolation.

Donc, je vais commencer par le commencement, ***bon début,*** je suis née avec un petit peu d'avance à cause d'un AVC intra-utérin, **je *ne détaillerais pas ici ce que c'est, Google est notre ami,*** Mes premières heures dans ce monde ont donc été assez compliquées. Je ne suis pas passée loin de la mort : je pesais 1,2 kg pour 33 cm, je n'étais pas viable à ce moment-là. J'ai passée 2 mois en couveuse avec des tuyaux un peu de partout. ***Je suis heureuse de ne pas m'en souvenir.*** 24H après ma naissance, les médecins m'ont fait passer une IRM pour voir un peu à quoi ressemblait mon cerveau et voir qu'elles avaient pu être les dommages causés par ce petit incident. La sentence fût irrévocable : hémiparésie droite et un gros trou dans le cerveau. **Un vrai gruyère,** pour résumer mon handicap, on peut dire que mon côté droit est « semi-paralysé » et qu'il ne fait pas toujours ce que je lui demande. ***Régulièrement, j'ai l'impression que mon côté droit à sa propre volonté et c'est une vraie tête de mule.***

A partir de ma sortie de l'hôpital, les médecins et mes parents ont mis en place un véritable plan d'action à base de kiné et de différents médecins pour réduire au maximum l'impact de cet AVC au quotidien. Et, honnêtement, ils ont gérés. J'ai eu le juste milieu entre le père surprotecteur et la mère dévouée.

Déjà, maman n'a pas repris le travail qu'elle occupait avant mon arrivée, elle est devenue mère au foyer et s'occupait de moi à plein temps. J'avais de la kiné plusieurs fois par semaine, on m'avait équipée d'une attelle de nuit multicolore pour redresser ma jambe et mon pied durant mon sommeil. *Enfin, je suppose qu'elle servait à ça… Ce n'est pas le genre de détails qui m'intéressent.* J'ai commencé à parler de bonne heure, je ne pourrais pas vous dire à quel âge mais je sais que j'avais la langue bien pendue. *Tu m'étonnes, depuis lors, tu ne l'as jamais fermé.*

Pour la marche, ce fût une autre histoire, j'avais peu d'équilibre donc ça compliquait la tâche. Mais, je n'ai jamais été à court d'astuce pour compenser le handicap. J'ai donc remarqué qu'en étant assise au sol, je pouvais me soulever légèrement en m'appuyant sur mon bras gauche pour, ensuite, retomber sur les fesses. C'est moins pratique que la marche mais c'est le moyen de transport dont je disposais et qui me permettait d'être autonome. J'ai réussi à marcher à 23 mois, soit à quasiment 2 ans, à partir de là, je crapahutais dans tous les sens. *Je ne m'en souviens toujours pas mais ça me paraît tout à fait plausible et représentatif par rapport à ce que me racontent mes parents.*

J'étais plutôt casse-cou, d'ailleurs je le suis toujours dans une certaine mesure, les chutes ne m'ont jamais fait peur. J'ai la chance d'avoir des parents très présents ce qui veut dire qu'au pire, si je tombe, ils seront toujours là pour me relever**, au sens propre comme au sens figuré,** ce qui est toujours utile surtout dans mon cas.

Je suis rentré à l'école au même âge que tout le monde et tout se passait bien, du moins jusqu'à ce que l'on déménage. Je suis donc arrivé dans une nouvelle école à l'âge de 4 ans, j'ai eu un petit peu de mal à me faire des ami(e)s, j'avais bien conscience que je n'étais pas « normale », ce qui compliquait grandement mes interactions sociales. J'ai fini par être relativement bien accepté dans la classe.

Ce qui est bien dans les petites écoles, c'est que l'on reste tout le temps dans la même classe et avec les mêmes copains. Donc, tout se passait bien jusqu'à mes 5 ans à peu près, en grande section, je suis devenue la cible privilégiée d'un petit groupe qui trouvait drôle de me qualifier « d'handicapée moteur ».

J'ai très vite réalisé que cela n'était pas normal et j'en ai immédiatement parlé à mes parents. Ils sont allés voir la maîtresse et tout s'est arrangé. **Ben, voyons ! Ça n'est pas si simple que ça.** Un seul garçon a continué à me prendre pour cible : Jordan, c'était son nom, le nom de mon pire cauchemar. Le nom de celui qui, pendant 5 ans, a fait de moi sa chose, « son sale cabot » voilà la façon dont il m'a appelé pendant toutes ces années. **Seulement lorsque l'ont étaient seuls, les monstres dans son genre sont toujours intelligents. Trop, si vous voulez mon avis.**

Ce terme horrible et dégradant a fini par devenir mon identité : lorsqu'il m'appelait ainsi je répondais. Ce serait peut-être encore le cas aujourd'hui, je n'ai pas eu le courage d'essayer. Je me souviens de la façon dont il me bousculait dans les couloirs et des récréations où il me traînait vers l'espèce de cabane. **Sur le côté gauche de la cour, si je me souviens bien.** Une fois à terre, il me faisait signe de me taire et il commençait à me frapper, à me donner des coups de pieds, les coups fusaient. Je me souviens, c'était tellement violent que j'en avais le souffle coupé. **Cette sensation, la même que pendant mes plus violentes crises d'angoisses ou de douleur : une respiration hachée, la bouche ouverte sans le moindre son qui en** *sort.* Les larmes qui roulaient silencieusement sur mes joues, mes dents qui claquaient… Toutes ces sensations sont gravées à jamais dans ma chair.

Il s'agenouillait et me chuchotait que s'il me faisait ça, c'était ma faute que je pouvais arrêter à tout moment, il fallait juste que je le supplie et il arrêterait tout. *Mon œil !* Je ne lui ai jamais fait ce plaisir, déjà, à l'époque, ma fierté m'empêchait de le faire. Peut-être aussi cette même fierté qui, quelque part, m'empêchait de parler de l'enfer que je vivais.

Ce pervers narcissique, car c'est ce qu'il est, n'a jamais été inquiété pour ces 5 ans d'enfer. Pour cause, il me savait sous son emprise et la justification pour mes bleus était tellement facile et banale : je suis tombée. *Ce qui m'arrivait au moins 2 fois par semaine, alors c'était très facile de me croire.*

Le plus dur dans le fait de se faire tabasser, *un peu extrême, non ?* Rouer quelqu'un de coups, le passer à tabac ça me paraît être une bonne définition non ? C'est qu'au départ c'est **choquant** mais ensuite ça s'installe dans la routine jusqu'à en devenir un événement qui s'inscrit dans l'emploi du temps.

Je ne sais pas encore si le fait de ne rien dire était un acte courageux ou lâche. Une seule chose est sûre, c'est que c'était totalement inconscient. ***Un coup porté aurait pu être celui de trop.*** Je pense surtout que, comme j'étais jeune, j'ai pensé que c'était ça l'amitié fille-garçon, comme je n'avais pas d'autres copains.

Je me souviens que je me sentais tellement insignifiante à côté de lui, j'ai pensé, ***à tort,*** que ma parole valait moins que la sienne. J'étais surtout tellement sous son influence que je ne me rendais plus compte de la gravité et de la dangerosité de ma situation.

Un événement m'a particulièrement marqué : nous étions en CE2, un après-midi (je n'ai plus le jour exact en tête) en classe, il taillait tranquillement son crayon de papier, il m'a ensuite demandé de tendre la main, il l'a pris et l'a retourné paume vers le haut. Il m'a dit : « je veux juste vérifier la couleur de ton sang, comme tu es un monstre ». Et, avant que j'aie le temps de dire quoi que soit, il a planté la pointe du crayon de papier dans ma paume. Je n'ai pas crié, ***comme d'habitude, je pars toujours du principe qu'un cri ne soulagera jamais la douleur, seulement à montrer sa faiblesse.*** Je n'ai pas émis le moindre son, la maîtresse l'a fait pour moi, m'a envoyé me laver les mains pendant qu'elle essayait de comprendre pourquoi il avait fait ça. Étonnamment, il n'a eu que, comme seule punition, de devoir copier des lignes disant un truc comme : « je ne dois pas blesser ma camarade. ».

Ces années de souffrances ont continuées jusqu'à ce que l'on soit séparé pour se retrouver dans 2 classes différentes en 5ème. Il s'est alors désintéressé de moi. Or, pour moi, ce ne fut pas aussi simple : j'étais devenue comme dépendante de lui : j'avais besoin de son approbation pour tout, chaque action était calculée et décidée par lui. Quand il a commencé à se désintéresser de moi (ce qui a été très radical), au moment d'un changement de classe : on s'est retrouvé dans deux 5ème différentes. Je pense que j'ai commencé à développer un genre de syndrome de Stockholm. En effet, je ne pouvais plus me passer de lui, j'avais l'impression d'exister à travers lui. *GLAUQUE...*

La seule chose qui m'importait à l'époque était de lui plaire. C'est terrifiant à admettre mais je pense que je suis, en quelque sorte, tombée amoureuse de lui. ***PITIE, laisse-moi mourir ! Comment peux-tu ne serait-ce qu'évoquer une telle hypothèse ????*** Je sais que c'est dur à admettre mais je me dois d'être honnête envers moi mais aussi envers les personnes qui me liront. ***Si tenté que ton histoire intéresse quelqu'un.*** Je ne veux pas donner l'impression que je prends le melon mais il s'est passé tellement de trucs dans ma vie qu'à à un moment il faut bien que ça sorte. *J'ai tenté d'écrire pour moi mais je ne ressens pas le même soulagement si mes écrits n'ont pas de cible. Bref.* Revenons à nos moutons : ce garçon m'a fait énormément souffrir, j'ai mis des années à m'en remettre : je suis restée seule pendant des mois, ça fait flipper quand j'y repense car je me rends compte avec le recul qu'il avait entièrement le contrôle sur ma vie.

Je ne suis plus en colère car je ne veux pas gaspiller de l'énergie pour quelqu'un qui a voulu me briser et qui, au final, m'a transformé en véritable guerrière. Je ne peux pas m'offrir ce luxe même s'il arrive que je sois triste en pensant à la petite Mélaine terrifiée sous la cabane.

Je souhaite revenir un point essentiel : le harcèlement. *Mode prévention enclenché.* Cette problématique est très présente dans notre société et, même si l'on en parle beaucoup, j'ai l'impression les signes ne sont pas beaucoup perçus. *Non, tu crois ???* Au début, les manifestations ne sont peut-être pas assez évidentes. Il arrive que certains signaux puissent être confondus avec des chamailleries de gamin. Ce fut le cas pour moi : quand ce Jordan m'a planté le crayon dans la main ; on lui a fait copier des lignes. *Si j'avais su, j'aurais trouvé d'autres utilités à mes crayons de papier !*

Chaque petit événement, chaque signal d'alarme, aussi petit soit-il, devrait directement être souligné et investigué : en effet, dans la tête de l'enfant (harceleur ou harcelé) cela n'est peut-être qu'un acte sans conséquences, une boutade mais si c'est amener à se répéter ou si l'enfant en souffre alors, à partir de moment-là, ça devient plus grave.

CHAPITRE 2 :
COMMENT L'ENFER A COMMENCE

A mon papy, merci pour tout tu me manques.
Repose en paix, la relève est assurée.
Je t'aime.

Au départ, je voulais seulement te consacrer quelques lignes mais, si j'ai le courage d'écrire et de publier ce témoignage, c'est grâce à toi, alors je te dois bien ça. ***J'ai l'espoir fantaisiste que tu me vois et sois fier de moi, là-haut.*** Enfin si un « là-haut » existe.

Le jour où je t'ai perdu, je m'en souviendrais toute ma vie. ***Tu m'étonnes.*** Le lundi 12 décembre 2016, 6H30, je me réveille et éteins mon portable avec le sourire. Je pars avec ma classe voire le musée de la miniature et du cinéma, j'ai hâte, j'ouvre la porte de ma chambre, j'entends des bruits bizarres en bas. Je me dépêche de descendre, ma mère m'attend en bas des escaliers, papa est sur le canapé avec son pyjama bleu, la tête dans les mains, je crois qu'il pleure. Maman me dit qu'elle ne sait pas si on va aller à l'école aujourd'hui. Lorsque je demande pourquoi, papa se lève et maman me dit papy est parti, il est mort cette nuit. A ces mots, mes jambes ne me tiennent plus, je crois que j'ai hurlé, papa me rattrape et m'emmène jusqu'au canapé où l'on se serre tous les trois. ***Je me souviens, nous étions sur cet immonde canapé prune...*** Emmeline descend, alertée par le bruit, papa lui dit entre deux sanglots : « C'est mon papa, il est mort » elle pleure.

La veille, papa a voulu qu'on aille le voir, il ne nous a pas laissé le choix, il a tellement insisté qu'on a fini par y aller. *« **Il faut qu'on y aille** » cette phrase je l'entends encore, elle me glace le sang...* On ne saura jamais pourquoi il a ressenti ce besoin d'y aller mais, avec le recul, il a bien fait d'insister.

Cela étant, je me souviens être remontée dans ma chambre, et c'est là que je me suis écroulée, la respiration étouffée par une réalité trop lourde à porter. J'ai récupérée mes affaires et on est allés chez nos tatans pour qu'elles nous emmènent chez notre deuxième mamy. Dans la voiture, ma tante parle. ***Beaucoup trop.*** Elle nous dit qu'elle a comptés les dos d'âne qu'il y a de chez elle à chez ma grand-mère. *11, c'est ce qu'elle a compté.* Je me fiche de ce nombre, je me fiche de ce qu'elle dit, j'aurais préféré qu'elle ne dise rien. La journée s'étire, j'avale un bout de mousse de canard sur du pain, pour qu'on me fiche la paix. Emmeline pleure, Clémence joue dans la chambre de mes grands-parents. Moi ? Je pleure pas, ça n'a aucun intérêt, il est mort de toute façon. Le soir papa revient nous chercher, il a l'air épuisé. On monte dans la voiture, je monte devant, en attendant que le portail s'ouvre papa nous demande si on veut aller le voir demain. ***Et là, c'est le bug...*** Emmeline veut y aller donc j'irais avec elle, je suis sa grande sœur. En fait, elle a le courage d'affronter la réalité, là où je préférerais l'ignorer.

Cette nuit-là, je ne me couche pas, je réfléchis à m'en faire mal à la tête. Je change l'histoire en rajoutant des « si » mon papy n'est pas mort. *Avec des si, on mettrait Paris en bouteille comme on dit.* J'en viens presque à penser que c'est ma faute s'il est mort. Je ne sais pas expliquer pourquoi mais, pour moi, j'étais responsable de la situation et, pour moi, je n'avais pas tout fait pour l'aider. *Comme si je pouvais lutter contre le cancer.* Le lendemain, on a tous l'air épuisé, je ne déjeune pas, à quoi ça servirait ? Je fixe le sapin avec haine et dégoût, comment on peut faire la fête alors que tu n'es plus là ? On se rend à la morgue, on nous fait patienter dans une salle, on entre dans une autre, il est face de nous, il porte son gilet foncé sans manches, *celui avec trois rayures horizontales au milieu de la poitrine,* avec sa chemise à carreau en dessous. Je m'approche, je pense que je crois qu'il dort. J'ai envie de le secouer, de le taper, de lui hurler de se réveiller. Mais mon souffle se coupe lorsque je remarque un détail, *Non ne le dit pas,* si, je lui dois de tout dire, aux commissures de ses lèvres, à droite, il y a une minuscule tâche bleue. Je dis à ma mère que je dois aller aux toilettes, je cours, je m'enferme et je vomis tripes et boyaux. Mes larmes coulent en silence, *il ne se réveillera plus,* il est mort, c'est fini… J'y retourne, j'ai une tête de déterrée *Oups, mauvais jeux mots,* personne s'en rend compte, ou alors, ils ont la décence de ne rien me faire remarquer.

Cette nuit est peuplée de cauchemars, je finis en boule sous ma couette. L'enterrement se passe le 16 décembre, ce fût la pire journée de ces dernières années. On est allé chez mamy avant, il y avait tata et toton, je suis allée chercher un coca light à boire. *Sa boisson préférée.* J'ai entendu cette phrase « Mélaine ? Elle ne pleure pas », s'ils savaient qu'après mes cauchemars le seul moyen de les faire sortir, c'était de me faire du mal. Je ne compte plus le nombre de fois où ma tête a heurtée le bord en bois de mon lit. *Au moins, je ne voyais plus son corps dans ma tête.*

La douleur me fait oublier son visage, la douleur me fait oublier la douleur, le poids au fond de mon estomac. J'ai l'impression que mon cœur est pressé par ton souvenir.

Maintenant que je sais comment se font les soins de conservations, je sais qu'il a été maquillé et que sa bouche a été...**Non, je ne peux pas l'écrire, c'est au-dessus de mes forces.** On retourne le voir, on est beaucoup, cette fois-ci, je reste dans la salle « d'attente », je ne veux plus y aller. On me dit que ce serait mieux si j'y retournais pour lui dire au revoir. Je lui touche le bras, il est glacé. Cette fois, c'est trop, je vais me laver les mains de manière compulsive, *c'était*

un de ses plus grands tocs, mais je me mets sous l'eau la plus chaude possible, je me brûle, ça m'est égal. Je frotte rageusement mes mains l'une contre l'autre, j'arrive même à me couper légèrement, je regarde le sang couler le regard vide.

Quand j'y retourne, il est dans une autre pièce, il est plus dans un lit, ils l'ont mis dans le cercueil, les bras en croix, tout le monde est dans la pièce, sauf ma mère qui m'a dit qu'elle ne pouvait pas. Quand je rentre dans cette salle, je comprends mieux pourquoi, je ressors aussi vite que je suis rentrée et je vais me jeter dans ses bras, assise sur une chaise non loin de la pièce. Je crois que je pleure mais je m'en rends même plus compte. Ils nous laissent le temps de nous recueillir puis, il ferme le cercueil.

Je ne suis pas restée, jusqu'à la fermeture, c'était trop violent pour moi, il ne pouvait pas le laisser dans une boîte, c'était inconcevable pour moi. Nous sommes ensuite allés à l'église, à ce moment-là, j'aurais préféré ne pas être là. La cérémonie s'est déroulée comme elle devait se dérouler, je suppose. Je n'ai pas eu le courage d'aller te rejoindre près du cercueil, je n'ai pas parlé. ***Pour dire quoi ? Que ce n'était pas possible, que tu ne pouvais pas être parti ? Il n'y aurait pas eu d'intérêt…*** Alors, je n'ai rien dit, je me suis murée dans le silence le plus parfait. Concentrée, pour écouter si jamais je n'entendais pas de toc toc contre le cercueil, j'avais tellement peur que tu sois encore vivant là-dedans. Mais les coups salvateurs ne sont jamais venus, il n'y avait que la douleur qui emplissait l'église.

Cela étant, la suite m'a parue surnaturelle on devait te dire adieu en repassant devant ton cercueil avant de sortir de l'église, je ne voulais plus partir quand les porteurs m'ont gentiment demandé de me décaler pour qu'ils puissent l'emporter, j'ai eu l'impression de me recevoir un coup de poignard en plein cœur.

J'ai toujours espéré que mon premier enterrement et mon premier « mort » serait une personne que je n'apprécie pas forcément ou qui est suffisamment éloignée de moi pour que je puisse me préparer pour ceux qui seront plus compliqués. ***Comme si tu pouvais décider.*** Effectivement, je n'ai pas choisi, le plus terrible, dans tout ça, c'est que la première personne que j'ai perdue en ayant l'âge de comprendre et de réaliser ce qui se passait, c'est une des personnes la plus importante de ma vie. Mais il y a une seule chose que je referais si c'était à refaire, je repasserais nos dernières vacances d'été chez vous, avec mamy et toi. Je reviendrais te voir, sur la pointe des pieds, dix minutes avant l'heure du tiercé, et je me glisserais dans le lit contre toi, comme j'avais l'habitude de le faire pendant ces dernières vacances. Je te murmurais des je t'aime et tu me regarderais sans rien dire et de temps à autre tu me répondrais. Mais, rarement, car les mots expriment de façon moindre ce que l'on ressent. ***Ton regard, il était expressif, nous n'avions pas besoin de parler, un regard voulait déjà tout dire.*** Je me souviens de nos séjours à Palinges, des week-ends où j'étais seule avec toi. Pendant ce week-end si l'on a échangé 10 mots c'était déjà un record. Pourtant, on était beaucoup ensemble : on mangeait ensemble, regardait la TV ensemble… Je te laissais tout seul seulement lorsque tu allais au jardin. ***Je n'étais pas fan à l'époque de la nature et tout, ça me prenait très vite la tête.*** Si j'avais compris plus tôt la paix que cela peut apporter, on l'aurait fait ensemble.

8 mois après ton départ, il a bien fallu que je retourne dans le jardin pour ramasser des haricots verts. C'était compliqué, je m'en souviendrais toute ma vie, je me suis écroulée sur le bord du baquet à fraises, en larmes. Tout ça à cause de quoi ? De la vision d'un ver de terre en train de ramper au milieu du chemin. **Je m'en souviens comme si c'était hier,** je me suis dit « ce sont probablement les mêmes bestioles qui sont en train de te manger à l'heure qu'il est, enfin, s'il reste encore quelque chose de toi ». ***Dégueulasse, mais c'est tout à fait moi, ce genre de pensées.*** C'est horrible, quand même, quand on y pense : je pense, 8 mois plus

tard, au corps de mon grand-père en décomposition. *Dit comme ça, effectivement c'est extrêmement violent… BEURK, il y a quand même des moments où je me dis que mon cerveau a vraiment été endommagé.*

Pendant des semaines après ton départ, je ne pouvais plus dormir, les cauchemars te concernant ne me quittaient plus, la seule façon de les réduire et de les rendre supportables c'était d'écouter la chanson <u>Heroes</u> de Mika. Il dit notamment cette phrase :

« I wish I could »
J'espère que je pourrais

« I wish I could make you return »
J'espère que je pourrais te faire revenir

Ces paroles formulaient tout haut ce que j'aurais voulu dire. A la place, je faisais comme si tout allait bien mais, quand personne ne regardait, je m'écroulais. Combien d'heures j'ai passé à pleurer sous la douche ? *Sans oublier toutes ces nuits à écouter cette musique, à fixer les portes coulissantes de mon placard, droite comme un i, assise dans mon lit.* Mais, comme à chaque fois que je souffre, je me suis concentrée sur les autres, plutôt que sur moi-même. Plus par lâcheté que par générosité. *Il est tellement plus simple de se concentrer sur la douleur des autres que sur la sienne, n'est-ce pas ?* Ma grand-mère allait mal… Mais cela aurait-il pu être autrement ? Elle venait de perdre l'homme qu'elle aimait, emporté par la maladie.

Mais j'avais un plan pour ne pas la laisser toute seule : je suis allée sur la liste de vœux sur APB (admission post bac) et j'ai intervertis deux de mes vœux. Le 1ᵉʳ étant donc l'université Lyon 2, je n'aurais donc pas d'autres choix que d'aller vivre chez mamy, du moins durant la semaine. Ce n'était pas tout de suite, bien sûr, mais au moins je pourrais être là et la surveiller.

Les journées se rassemblaient toutes, toujours la même déprimante routine : je me réveille, je vais au lycée, je rentre, je bosse, je me douche, je mange et ensuite je mets la musique jusqu'à ce que la fatigue l'emporte sur ma tristesse et ma peur. Petit à petit, des douleurs s'installent, de plus en plus fortes, je ne peux pas l'expliquer, elles sont arrivées jusqu'à me rendre totalement folle.

CHAPITRE 3 : LA DOULEUR

A mes sœurs, qui me supportent dans la joie comme dans la douleur. Je vous aime, petites sœurs, ne l'oubliez jamais.

Elles sont omniprésentes, elles m'obsèdent, elles me transforment. C'est comme si mon côté droit était parcouru de milliers de fourmis marchant sur des charbons ardents. Au départ, je pensais que ma tristesse m'avait rendue folle et que je préférais perdre la raison et m'inventer une maladie plutôt que d'affronter la réalité.

C'est compliqué à expliquer mais je sais que c'est lié au décès de mon papy. En effet, à chaque fois que je pense à lui (et ce depuis son départ), les fourmis qui ont élues domicile sur mon corps depuis bientôt 6 ans se multiplient et la sensation de brûlure devient insupportable. Au fur et à mesure que le temps passait et que je tolérais ces douleurs, j'ai compris qui ce qui les aggravaient c'étaient les émotions. A la suite d'un événement particulier, il m'a fait comprendre qu'il fallait que je fasse attention à moi :

L'an dernier, je travaillais énormément sans me soucier des conséquences que cela pouvait avoir (je le fais toujours mais je connais les risques), un jour en cours je suis sortie de classe car je souffrais trop, je pensais que j'allais juste faire une crise d'angoisse et m'évanouir. ***Tu crois encore au Père Noël ?*** J'ai marché dans le couloir avec la ferme intention d'aller m'enfermer dans les toilettes pour que personne n'assiste à ce spectacle pitoyable. Mais ce jour-là, je n'ai pas pu les atteindre, j'ai senti que quelque chose clochait… Je me suis appuyée contre le mur, tout en continuant de marcher, j'entendais, à chaque pas que je faisais, mon cœur qui battait de plus en plus vite. C'est comme lorsque l'on l'entend battre contre nos tempes mais en beaucoup plus fort. Les battements montaient d'une manière effrayante, je ne savais que faire, jusqu'à que je me souvienne que notre corps à des ressources insoupçonnées, donc plutôt que de me forcer à rester éveiller comme je le faisais jusqu'à cet instant (de manière inconsciente). Je me suis dit « tant pis, ton cœur bat trop vite, ce n'est plus gérable, je ne pas sûre de m'en sortir… », Cela ne m'a pas fait peur, je devais agir. J'ai donc décidé de laisser mon corps gérer cette crise. *Pilote automatique enclenché.* Je me souviens juste avoir pensé : « je n'ai jamais vu mon nom dans un générique, c'est dommage », « Ma famille va être triste ». Du classique jusque-là, mais j'ai surtout pensé : « C'est pas grave, tu as eu 21 ans de sursis, ce qui est pris n'est plus à prendre ». Et je me suis écroulée, je me souviens ensuite d'un des intervenants qui me tenait la main et des pompiers qui m'assoient contre le mur, puis je me rends compte que je ne peux pas me lever mais je m'en fiche.

La douleur est toujours présente mais moins forte même si elle l'est toujours trop, j'en viendrais presque à regretter de ne pas y être resté. Je comprendrais plus tard que ce malaise était un mécanisme de survie : en effet, la douleur étant trop intense, mon cerveau a fait un genre de « reset » complet de tout mon corps pour que je tienne le choc. ***Dit comme ça, on dirait une box qu'on redémarre car Internet déconne.***

Régulièrement, je me dis que je n'ai que 22 ans et cela me déprime tellement. Car je n'ai non seulement, ni la vie qui y correspond mais, ni la façon de penser de quelqu'un de mon âge. En fait, dans ma tête, j'ai 50 ans mais je suis emprisonnée dans le corps d'une presqu'adulte. J'aimerais me dire qu'avec le temps ça passera, que ça n'est qu'un passage à vide. Mais, comme dit Bénabar : « Ça ira mieux demain, du moins, je l'espère. Parce que c'est déjà ce que je me suis dit hier ». Moi, je suis devenue aigrie et insupportable (je ne supporte plus rien : ni les cris, ni le bruit).

J'ai la chance d'avoir deux petites sœurs qui me poussent, qui permettent de sourire à la vie et de m'accrocher même lorsque ça ne va pas. Même lorsque la douleur me ronge petit à petit. Là, je suis en cours, par exemple, mais comment veux-tu que j'écoute ce qu'on me raconte ? On me dit que les journées portes ouvertes sont super importantes et tout… *Attends, souffre comme je souffre et tu verras que tes portes ouvertes, tu n'en auras plus rien à faire !* Tout mon côté droit me fait souffrir mais la douleur, au bout du pied et de la main est réellement insupportable, j'ai envie de hurler. Mais je ne le fais pas, parce que, de toute façon personne ne peut me soulager. *A quoi ça sert de hurler quand tu sais qu'exprimer ta souffrance ne la fera pas diminuer ?* Je n'ai pas de solution. Je passe donc ma journée les yeux humides à sourire et à mentir. *Et vous savez ce qui est le pire ? C'est que ça marche, tout le monde me croit quand je dis que ça va…* En fait, le truc, c'est que quand on te demande si ça va, les ¾ des gens se fichent de la réponse.

Mes parents ne sont pas aveugles, enfin, pas totalement car ils voient ma souffrance mais pas tout le temps. Ils cherchent à m'aider mais je ne suis pas sûre qu'ils le puissent *Face à la douleur, on est souvent toute seule.* C'est douloureux de comprendre, qu'à 22 ans, il n'y a pas grand-chose de constant, *à part la douleur bien sûr,* il y a bien ma famille, mais au bout d'un moment, je ne peux pas tous leurs faire subir. La deuxième chose qui est constante dans ma vie c'est ma formation. C'est bête à dire, mais le fait de me lever tous les matins avec quelque chose à faire de ma journée, *autre que te lamenter toute la journée !* On va l'ignorer cela sera plus simple, cela me permet de tenir le coup et de m'occuper un tout petit peu l'esprit. *Enfin quand tu souffres tu as beau avoir autre chose à faire de ta journée, c'est la douleur qui t'obsède.* Ok, ce coup-ci je te l'accorde, parler d'autre chose que de la douleur, m'est compliquée.

En fait, si je suis honnête avec moi-même, *et donc vous,* je me lève, je vais en cours mais je ne suis pas tout à fait là. J'ai tellement mal que si l'on me demandait de tuer quelqu'un contre une seconde « non-douleur », je pense que dirais oui. *T'en sais rien, andouille, personne ne te l'a proposé jusqu'à maintenant !* La douleur ça modifie tout même vos fonctions vitales. Par exemple : je sais que mon cœur bat assez vite lorsque je souffre. Ces battements sont donc constamment rapides et c'est assez bizarre puisque j'arrive à l'entendre dans mes oreilles.

J'avais supprimé le paragraphe suivant car je trouvais que ce n'était pas moi mais la douleur qui parlait. Et, c'est pour ça, que mon père m'a expliqué pourquoi il devait paraître : la douleur m'a transformée en quelqu'un d'autre. Le voilà :

Je souffre tellement, j'ai mal, trop mal, c'est insupportable, j'ai atteint les limites de mes propres limites. Et si ce qu'on me propose ne marche pas ? Je deviens quoi, moi ? Vieille fille, dévorée par la douleur ? Mon seul but, c'est de réduire cette foutue douleur, quoi qu'il m'en coûte ! Il ne reste que des solutions incertaines. Enfin, c'est ce que les médecins disent, j'en connais une qui, elle au mois, marchera : l'euthanasie. Mika écrit très bien ce que je ressens :

« This is the hardest story,
That I have ever told,
No hope, or love, or glory,
Happy endings gone forever more »

Dans sa chanson <u>Happy ending</u>, Il parle d'une histoire d'amour mais, sortie de son contexte ces paroles me parlent :

« C'est l'histoire la plus difficile,
Que j'ai jamais raconté,
Pas d'espoir, d'amour ou de gloire,
Les fins heureuses sont bien loin à présent »

Qu'est-ce que ces paroles sont justes, il n'y a plus de fins heureuses dans mon cas, ma seule solution est la mort. Mais je ne veux pas partir en me suicidant, non, cela n'est pas moi. Je veux partir par choix et que celui-ci soit « approuvé ». La raison la plus importante, c'est que je ne veux pas prendre le risque de me louper. S'il faut partir à l'étranger, je partirais. Je n'en parle pas à ma famille, c'est trop violent, ils ne comprendraient pas : Comment comprendre, qu'à 21 ans, je souhaite que ma vie se termine. J'estime juste avoir eu mon quota de souffrance pour pouvoir tirer ma révérence. ***Ok, la partie que je viens de lire vend pas du rêve, c'est clairement pas moi, mais, en même temps, je me comprends.*** J'ai commencé à me renseigner et j'ai trouvé en Suisse, le cas d'une vieille femme qui s'est fait euthanasier, les douleurs neuropathiques dont elle était victime étant insupportables.

Ce témoignage m'a rassuré, j'avais au moins cette option qui me resterait accessible lorsque je le déciderais. Donc en Suisse, via les associations DIGNITAS ou EXIT, on peut avoir recours au suicide assisté. Au départ je ne voyais pas la différence avec l'euthanasie. En fait, c'est assez simple, contrairement à l'euthanasie, le suicide assisté consiste à s'administrer soi-même la substance qui permettrait de mettre fin à son cauchemar. Le tout supervisé par un médecin. En me renseignant davantage, j'ai appris que l'on devait boire une solution contenant un barbiturique qui permet de s'endormir en quelques minutes pour ensuite mourir, le tout étant un processus indolore.

Je sais que la plupart des gens seront perturbés par le fait que je parle de mettre fin à mes jours de manière aussi calme et normale. Mais il n'y a pas de quoi l'être, tout est bon pour se débarrasser de la souffrance. Je peux vous assurer que lorsque la douleur atteint un certain stade où elle est autant physique que psychologique, vous n'avez plus le goût de vivre. *C'est triste mais vrai.* C'est une façon de penser très égoïste mais je n'en ai pas honte car c'est ce qui m'a fait tenir le coup. J'avais, quoi qu'il arrive, une porte de sortie. Un peu extrême, certes, mais cela reste un espoir pour que cette détresse cesse.

Je me souviens du jour où j'ai compris que l'espoir d'une guérison a fondu comme la neige au soleil : j'avais 19 ans, j'avais rendez-vous chez le neurologue ce matin-là, je suis dans le taxi, je suis silencieuse. *Tiens, c'est rare !* Le chauffeur qui me connaît bien et me conduit depuis plusieurs années à mes rendez-vous, a bien compris que je n'étais pas sereine. Il essaye de me rassurer, je réponds par monosyllabes mais j'essaye de me raisonner : C'est ridicule, tu attends ce rendez-vous depuis plus de 6 mois, il va enfin t'apporter une solution alors détends-toi. ***Plus facile à dire qu'à faire, j'aimerais bien t'y voir !*** On arrive devant le bâtiment, le taxi me dépose en me disant « Ça va aller ? ». Je réponds à l'affirmative avec un sourire mais c'est plus pour la forme car il sait très bien l'angoisse que me provoque ce genre de rendez-vous dans cet hôpital.

Le neurologue ne m'apporte pas de solution : on a tenté toutes les solutions qu'il pouvait me proposer (du moins, en tant que neurologue). Je reste silencieuse dans le taxi : je suis déçue, tellement désespérée : il me renvoie vers un autre médecin : il va encore falloir que j'attendre de long mois avant d'obtenir un rendez-vous. Je passe le reste de ma journée assise sur le canapé, je regarde la TV sans la regarder, essuyant de temps à autre larme qui coule le long de ma joue.

Aujourd'hui nous sommes le 10 juillet et j'ai vraiment mal (8,5 sur une échelle de 1 à 10), ça fait plusieurs jours que ça ne va pas et je tourne en rond. Mon attelle est cassée et je n'en ai pas d'autre : pour vous, cela peut paraître dérisoire mais, pour moi, depuis qu'elle est en réparation, depuis une dizaine de jours, c'est une véritable torture. Je n'ai plus d'autonomie et je ne peux même plus faire de sport.

La douleur ayant augmentée, je vis un enfer : j'ai l'impression de revenir 9 mois en arrière même si la seule chose qui diffère par rapport à la dernière fois c'est que j'ai une solution. ***Tu parles d'une solution !***

Effectivement, il est dur d'accepter que ce ne sera qu'un éternel recommencement jusqu'au jour où ça ne marchera plus. Le cercle vicieux est plutôt simple : douleur, perfusions, soulagement, espoir et on recommence… ***L'enfer sur Terre.*** C'est probablement ce qu'il y a de pire avec ces douleurs : le fait d'avoir de l'espoir au milieu du processus, penser pendant une seconde que l'on peut s'en sortir, que l'on peut se projeter avant de se prendre la réalité en pleine figure. C'est un cauchemar éveillé encore plus cruel que de ne pas avoir de solution.

Espèce de droguée ! Je suis d'accord avec moi-même je fonctionne sur le même schéma qu'une droguée même si c'est médical et légal c'est exactement pareil dans mon esprit. J'ai un produit dans le sang qui me permet de réduire la douleur (jusque-là ça va) que l'on doit renouveler régulièrement sous peine de le voir disparaître de mon sang et donc qu'il ne fasse plus d'effet, ce qui aurait comme conséquence de faire augmenter les souffrances jusqu'à ce qu'elles redeviennent insupportables.

Selon moi, ce n'est pas une solution, seulement un moyen de fuir la réalité : je souffrirais toute ma vie et ma délivrance sera la mort… **Plutôt glauque mais bon résumé cependant.** Je n'ai que 22 ans et je subis des traitements plus forts que la plupart des vieux. Cela n'aide pas forcément niveau estime de soi-même. *Tu m'étonnes.*

Mais en même temps c'est encore pire lors des crises : prenons la dernière datant de décembre (la semaine avant les vacances de Noël, le lundi *comme par hasard, le lendemain de l'anniversaire de la disparition de papy,* je vais de plus en plus mal à la pause de 10H, je veux sortir prendre l'air car la douleur est devenue insupportable mais je me souviens au dernier moment qu'il faut descendre l'escalier et qu'il n'y a pas d'ascenseur. Même si je sais exactement combien de marches il y a : *en cas de crise mineure ça me permet de les descendre sans avoir à trop me concentrer sur ce genre de détails et me permet d'éviter la chute,* je comprends que, non, aujourd'hui ça ne sera pas possible. J'opte donc pour la deuxième option : les toilettes (ils ont un verrou, je pourrais m'écrouler sans que personne ne me voit) mais la douleur est fulgurante, je sais que je n'y arriverais pas. Je convoque donc une réunion de crise avec moi-même. *ALERTE ROUGE. ALERTE ROUGE.* Je réfléchis aux différentes options avec un seul objectif en tête m'éloigner le plus possible des autres le temps de me reprendre pour sauver les apparences un minimum. Mais, ce jour-là, je n'ai pas le contrôle, la douleur me domine, elle fait de moi un simple pantin, je lui suis entièrement soumise. J'ai juste le temps de m'appuyer contre la rampe nous séparant des escaliers avant de m'écrouler. J'arrive à m'asseoir *ce qui est déjà un miracle vu mon état,* je claque des dents, je ne suis même plus en mesure de parler : je suis à deux doigts de la crise d'angoisse ou de la crise de nerfs *dans les 2 cas c'est la merde,* je me roule sur le sol me décalant un peu pour pouvoir être en contact avec le carrelage (comme il est froid, il me soulage un minimum), les autres commencent à remarquer que quelque chose cloche, je ne peux plus réfléchir, je pars en boucle dans mon trip habituel qui oscille entre douleur et culpabilité de ne pas avoir pu me cacher, me répétant en boucle que j'ai échoué, que je suis bonne à rien… *La routine, quoi !* Un intervenant prend les choses en main, sachant qu'appeler les pompiers serait vain car la médecine ne peut rien pour moi, il demande à une élève d'appeler ma mère, je débite le numéro par réflexe *j'ai bien dû mettre 2 minutes pour le dicter tellement le claquement de mes dents m'empêchait de parler.* Elle ne répond pas, ma camarade laisse un message en lui disant que je suis « patraque, allongée sur le sol » (sur les conseils de l'intervenant elle a formulée sa phrase de manière à ne pas faire paniquer ma mère.) Elle me la passe, on discute des différentes options *enfin elle parle et je réponds par monosyllabes,* cette même camarade accepte de me ramener à la maison. J'appelle mon médecin traitant qui accepte de me recevoir dans l'après-midi.

En arrivant à la maison, la 1ère chose que je fais : je retire mes vêtements pour minimiser un maximum le contact du tissu avec ma peau qui est devenu insupportable, je me retrouve en sous-vêtements, je mange un minimum *si je me souviens bien c'était un plat tout prêt : saumon poireaux une portion minuscule ce que m'a pas manqué de me faire remarquer ma mère. Petit aparté je me demande pourquoi ce qui inquiète le plus les mamans c'est ce qu'on mange, sûrement un truc que je ne comprendrais jamais,* et je fonce sous la douche. Je fais en sorte qu'elle soit la plus froide possible : mon côté gauche fait la gueule car lui, ça le soulage pas l'eau glacée contrairement au côté droit. Cette sensation est très bizarre : à la fois vous êtes soulagé par le froid mais le côté gauche est mordu par ce même froid et vous claquez des dents tellement vous avez froid, vos lèvres commencent à virer au bleu. J'opte donc pour la méthode du 50/50 *(pas le joker de Qui veut gagner des millions ? Idiot.)* Je me mets donc à moitié dans l'eau, le côté gauche le plus éloigné possible du jet, je reste comme ça, immobile pendant au moins une dizaine de minutes. Je me rhabille mais la souffrance est encore très forte, j'opte donc pour la robe la plus courte que j'ai et, bien que l'on soit au mois de décembre, je ne mets pas de collants, je n'aurais jamais pu les supporter.

Le médecin a l'air aussi désemparé que moi lorsqu'il me sert la main et que je grimace, il a donc augmenté le Laroxyl et décide de me mettre sous valium pour me « détendre ». Maman est parti me chercher les médicaments car j'étais trop mal pour aller les chercher seule, la pharmacienne a juste conseillé de ne pas conduire car c'était costaud. ***T'as pas idée à quel point !*** Ok, t'as raison, j'ai passé 2 jours à planer totalement, après mon corps s'est habitué et, comme à chaque fois, j'ai fini par gérer les effets secondaires. Malheureusement, le traitement ne m'a pas vraiment soulagé et je n'étais manifestement pas assez défoncée pour passer mon temps à dormir et ne plus sentir la douleur.

Aujourd'hui, je viens de terminer mon testament ainsi que mes directives de fin de vie. ***Et allez, on continue dans le glauque !*** Non, c'est faire preuve de prévoyance et de raison. En effet, je préfère que, dans le cas où il m'arriverait quelque chose, tout soit prévu à l'avance. ***Ben voyons, à 22 ans (lève les yeux aux ciels).*** Alors, déjà y a pas d'âge pour mourir et en plus ce n'est pas comme si les facteurs à risque n'étaient pas présents dans ma vie : entre les mauvaises chutes et la dose de médicament qui circule dans mon organisme, je dois faire partie de ceux à qui ça peut très vite arriver. ***Vu comme ça...*** J'ai carrément l'impression de ne pas les avoir, mes 22 ans. A la base, moi je pensais que mon testament je ne le ferais pas avant d'avoir 40 ans et une descendance mais, finalement, je préfère être lucide : à un moment, je payerais forcément l'addition, ***vu comment tu te drogues, les chances sont, en effet, assez élevées !*** Et, malheureusement, le jour où ça arrivera la somme à payer ne sera pas forcément solvable.

De temps à autre, il n'est pas rare que je me dises que je suis l'une des seules personnes de mon âge à me rendre compte que l'on a tous une épée de Damoclès au-dessus de notre tête et qu'elle peut s'abattre à tout moment et ce, sans crier gare. ***Tous les gens qui vont te lire seront contents que tu leur rappelle qu'ils peuvent y passer à tout moment.*** J'ai quand même l'impression que l'être humain se divertit pour tromper la mort : s'il n'a pas le temps de s'ennuyer et donc de penser, il peut continuer à faire l'autruche face à cette réalité qu'il ne préfère pas affronter. ***Trouillard.***

A cause de la douleur, je me retrouve coupée des autres et des activités qu'ils font entre eux : je ne bois pas, je ne danse pas… Bref, je ne sors pas. Ce qui ne me dérange pas forcément puisque je suis quelqu'un solitaire. ***Ou pas.*** Effectivement, ça fait un petit moment que je me dis que si je n'avais pas été handicapée, peut-être que j'aurais été moins solitaire. Certes, j'aime ma solitude (cette semaine je suis seule à la campagne et je mentirais si je vous disais que ça me plaît pas…) ***Personne pour te prendre la tête, tu fais ce que tu veux mais pourtant tu parles toute seule et tu laisses la télé allumée.*** Ok, depuis que mon grand-père est parti, j'ai du mal avec le silence dans cette maison (les seuls moments où elle était si silencieuse, c'est quand nous étions tous les deux). ***Il est encore trop tôt pour que je supporte cette atmosphère.*** Les douleurs sont trop fortes pour que j'aie une vie normale d'une jeune de mon âge. ***Et le reste du temps tu es défoncée.***

CHAPITRE 4 :
LA DEPRESSION

A ceux qui ont essayés de m'aider mais aussi, à ceux qui ont minimisé le mal dont je souffre.

Je dirais que j'ai commencé à être dépressive quand le harcèlement scolaire s'est arrêté (vers 13 ans) : je me suis renfermée sur moi-même, je ne voyais plus l'intérêt d'exister puisque j'avais l'impression que plus personne ne s'intéressait à moi. J'ai d'abord commencé par courir jusqu'à m'évanouir car je voulais juste dormir. Je pense que chacun des événements à contribuer à me mettre dans cet état. Quelques années plus tard, j'ai commencé à envisager le suicide par écrit d'abord, avant de petit à petit faire des actes de plus en plus alarmants.

Ça allait de la simple scarification (des coupures réalisées à l'aide d'un ciseau) à la prise d'un ou deux cachets supplémentaires avant le coucher. Je sais maintenant que je n'ai jamais voulu mettre fin à mes jours simplement me détourner de cet état insupportable et oublier ces souffrances trop lourdes à porter pour l'adolescente que j'étais.

La souffrance est telle que, pendant un temps, j'ai carrément abandonnée. ***Résignation bonjour ! Comment Puis-je vous aider ?***

Ça n'a pas duré longtemps, mais ce fût horrible : 5 jours sans me lever, en pyjama. Abattue par trop de souffrance accumulée pendant toutes ces années.

Pourtant, je ne sais pas pourquoi, je me suis relevée, habillée et j'ai recommencé à survivre. Pas hyper joyeuse non plus, mais j'ai quand même repris mon train-train quotidien. Mes proches vous diront que c'est grâce à « mon courage » ou à « ma force de caractère ». Je ne suis pas d'accord avec eux mais j'évite soigneusement de le dire, sinon on partirait sur des débats interminables. Je dirais plutôt que c'est parce que je voyais mes proches souffrir de la situation dans laquelle j'étais. Donc, j'ai pris les choses en main *Elle est bien marrante, elle veut vous faire croire que c'est elle qui a décidé de se faire soigner mais pas du tout. AÏE, mes côtes, il faut que j'arrête de rire !* Je me suis retrouvée aux urgences psychiatriques où l'on m'a attribué un psychiatre (qui me suit encore aujourd'hui), je suis allée voir une psychologue pendant quelques semaines puis j'ai arrêté car je ne voyais plus l'intérêt d'y aller.

Si je suis totalement honnête avec vous, j'ai recommencé un suivi psy il y a deux semaines avec une nouvelle psychologue (en plus du psychiatre). Avec le temps, on a vite appris à nos dépends, ma famille et moi, que le mental est essentiel pour gérer le handicap et tout ce qui en découle. *Non, sérieux ? Et t'as fait Science-Po pour le comprendre ?* Mélaine n°2 tais-toi tu me fatigues.

Je suis dans un de mes mauvais jours mais la différence c'est, qu'aujourd'hui, je l'ai dit. Je suis dans mon lit, allongée en train d'écrire ces textes en priant pour que cela me soulage. J'ai oublié de préciser que j'écoute de la musique déprimante. ***Quel cliché !*** Personne ne dit rien car il n'y a rien à dire. Cette souffrance m'appartient et je dirais même que ça fait tellement longtemps qu'elle s'est installée dans mon quotidien qu'elle est devenue mon amie. Une douce habitude qui me permet d'entretenir l'illusion que j'ai le contrôle sur ce qui se passe dans ma vie. ***C'est pas le cas***, je sais mais j'aimerais tellement que ça le soit.

Régulièrement je me dis que je ne vis pas, je ne fais que survivre : ça fait tellement d'années que je me bats que je n'ai pas pris le temps de vivre. En réalité, je ne sais pas faire : j'ai toujours pensé que je vivais pour les autres. ***J'ai beau me haïr je ne m'imposerais jamais cette souffrance qui est la vie volontairement.***

Mettez-vous à ma place deux minutes : chaque seconde de votre réveil jusqu'à votre coucher vous fait souffrir, voudriez-vous vraiment d'une vie pareille ? ***Même pas pour mon pire ennemi.***

Cet état est horrible car on a l'impression que l'on n'ira jamais mieux, jusqu'au jour où l'on commence à voir le bout du tunnel et puis l'on replonge. *Je parle pour moi, ce n'est pas une généralité : certaines personnes s'en sorte, j'espère, qu'un jour, ce sera mon cas.*

L'autre jour, en discutant avec ma psy alors que je traversais une période difficile, je lui expliquais ce que je pensais de l'espèce humaine. Ma vision est d'ailleurs assez triste, *en même temps tu vas bien voir une psy pour une raison non ?* Bon, ok, tu n'as pas tort. Bref, ma vision de l'espèce humaine était, à ce moment-là, la suivante : à quoi bon vivre puisqu'à la fin, on finit tous par mourir un jour, A l'échelle de l'univers on est rien, alors, si je me supprimais, l'impact serait minime. *Quelqu'un a-t-il une corde et un tabouret ? J'ai bizarrement plus très envie de vivre d'un coup.*

Ce qui est terrible c'est que 72H après, ces pensées étaient totalement différentes. Il est vrai que je n'étais pas non plus en super forme mais disons que, dans une certaine mesure, j'allais plutôt bien. J'ai pu dire à mes parents et à mes sœurs que ça n'allait pas, ils étaient juste là pour moi (de toute façon, ils ne pouvaient rien faire).

Ce que je trouve le plus traître avec cet état psychique, c'est que, même lorsque j'ai l'impression d'aller bien, je ne vais pas si bien que ça en vrai. J'ai l'impression que de toute façon, il y aura forcément un moment où ça ira plus mal. Je suis donc constamment inquiète en me disant que je traverse des vraies montagnes russes extrêmement violentes.

Je ne me suis jamais considérée comme un danger pour moi-même chaque fois que j'avalais des cachets en trop, que je me faisais du mal (scarifications, coup de tête dans le mur, morsures), je voulais juste arrêter de souffrir. ***Ben voyons, espèce de tarée !!!*** Encore aujourd'hui, ces réactions me paraissent logiques et restent mon principal « mécanisme de survie » : quand on ne connaît pas la vraie douleur : celle qui change profondément (qu'elle soit psychologique ou physique), on ne pas comprendre ces comportements qui vous font passer pour fou.

Aujourd'hui, je sais que ma dépression est due à plusieurs facteurs : le harcèlement scolaire, la douleur et le séjour de rééducation de 12 jours. En effet, lorsque je me suis retrouvée dans cet hôpital, je n'étais pas prête à affronter cette réalité. Ainsi quand je me suis retrouvée confronté au handicap et à la réalité des choses, j'ai complètement péter un plomb : j'étais en cours, et j'ai commencé à faire une crise d'angoisse plus forte que les précédentes, des intervenants ont bien essayés de m'aider mais il n'y avait rien à faire, je ne contrôlais plus rien. Lorsque ma mère est arrivée, elle a compris que quelque chose n'allait pas. Elle m'a pris dans ses bras et j'ai craquée comme c'est rarement arrivé, je n'en n'avais cure que nous soyons au milieu du couloir avec la salle des intervenants à côté, j'avais besoin de tout évacuer. ***Ma mère me serrait fort dans ses bras, ses yeux étaient rouges aussi.*** Ses bras étaient le seul endroit où je pouvais craquer tout en me sentant en sécurité.

Nous n'en avons plus jamais reparlé j'ai pris rendez-vous avec mon médecin traitant qui m'arrêté quelques jours (pendant lesquels j'ai fait l'épisode pyjama), j'en avais besoin mais, je sais aujourd'hui, que ce jour-là quelque chose s'est brisé : je n'étais une adolescente, je n'avais plus illusions, j'avais perdu mon innocente. J'ai compris que la vie était horrible et qu'il faudrait que je me batte chaque seconde juste pour continuer à essayer et à échouer.

CHAPITRE 5 :
LE HANDICAP ET SES CONSEQUENCES
A l'association Hémiparésie de France, qui me rappelle
que je ne suis pas seule.
Un petit coup de pub, ça n'a jamais blessé personne !

En soit, je gère plutôt bien le handicap, comme il a toujours été là, il n'est pas forcément difficile de vivre avec. J'ai réussi à avoir un certain contrôle sur ce handicap. J'ai maintenant l'habitude de faire en sorte qu'il ne régisse pas ma vie. Certes, il peut être un obstacle dans ma journée. Il faut que je descende les escaliers sans tomber, que je m'habille et il faut que je bataille dix minutes avec mon père pour enfiler mes chaussures et faire mes lacets. ***Ah oui, je ne sais pas si je l'ai précisé, j'utilise une canne pour me déplacer, j'ai une attelle et des semelles.*** Ce qui explique la galère pour, premièrement, trouver des chaussures dans lesquelles l'attelle passe et, deuxièmement, pour faire rentrer mon pied dans la chaussure, une fois que je porte l'attelle. ***J'avoue avec cette attelle tu ressembles un peu à la cousine de Robocop.*** Il faut tout le temps que je marche avec de la musique dans les oreilles parce que sinon la douleur m'obnubile et m'empêche de me concentrer sur l'effort physique.

Vers mes 10 ans j'ai aussi pris une décision lourde de conséquences mais je voulais avoir la réponse avant que la question ne se pose : la question de la maternité. ***AH, grande question !*** Aujourd'hui, pour moi, il ne serait pas raisonnable d'envisager d'avoir un bébé. Même si c'est un immense sacrifice, cela me paraît être l'idée la plus intelligente que j'ai eu depuis de nombreuses années.

Cela peut vous paraître stupide de réfléchir à cela maintenant surtout que je suis célibataire. Mais, c'est au contraire le meilleur moment pour y réfléchir sereinement sans éléments perturbateurs pour guider et biaiser ma réflexion. ***Vu comme ça...*** Je me dis qu'entre mes médicaments, mes perfusions, mon handicap et ma santé mentale « fragile » ce serait forcément une mauvaise idée. ***Sans oublier que tu n'as pas autant d'énergie et de force qu'une personne « normale » alors imagine 9 mois de grossesse plus un accouchement, rien que d'y penser, je suis déjà fatiguée.***

Souvent, mes parents me disent que cela changera lorsque j'aurais rencontré la bonne personne, mais j'ose espérer que cela ne sera pas le cas. Si on regarde mon état actuel, cet enfant serait forcément perdant. Et j'aime trop les enfants pour leur imposer une mère handicapée. ***Paradoxale, n'est-ce pas ?*** Je ne suis donc pas super satisfaite de cette réflexion, car cela reste un grand sacrifice.

Je vais vous parler des 12 jours qui m'ont conforté dans la décision de ne pas avoir d'enfants :

j'avais 17-18 ans à peu près *on se fiche de la date ça ne change rien aux événements.* Bref, nous étions au ski, quand mon portable sonne, comme je ne connais pas le numéro, je ne répondis donc pas *(mes parents disent toujours : « tu ne connais pas le numéro, tu réponds pas »)*, à peine 2 minutes plus tard, je vois que l'on a laissé un message. *Ça ne me dit rien qui vaille.* Tandis que j'écoute le message, je fais une telle tête que mes parents commencent à me questionner inquiets. Je leur ai répondu : « à partir de la semaine prochaine et ce, pendant six semaines je vais 2 jours par semaine en hôpital de jour pour me rééduquer ». Le neurologue m'avait inscrite pour que je perde du poids (je lui ai dit que je pesais 72 Kg pour 1m50 mais la vérité c'est que j'en pesais 86.) Ils étaient contents, *moi pas,* j'étais hyper stressée, terrifiée par les hôpitaux et les blouses blanches.

Le jeudi qui suivit, je me rendais à l'hôpital, je partais d'hyper bonne heure, juste pour être sûre d'être à l'heure voir en avance. *Je dis toujours : « être à l'heure, c'est déjà être en retard ».* J'arrive donc à 8H15 pour 9H00. Je tourne en boucle dans l'hôpital, j'ai tellement peur que je ne veuille même pas aller voir les infirmières pour m'annoncer. Je finis par y aller *ce n'est pas trop tôt mauviette !* On me met un bracelet et me donne un emploi du temps. *Non, mais ils sont sérieux ? J'ai l'impression d'être à l'école...* Je commençais par le sport adapté, ensuite j'enchaînais sur ergo puis, 2H30 plus tard, je terminais par la psychologue. L'activité physique était nickel, je savais que pour quelqu'un d'handicapé, j'avais une bonne condition physique. *Eh oui, j'ai réussi à m'asseoir et me relever sur une chaise 23 fois en 1 minute. A ce moment-là, j'étais fière de moi.* Mais ce ne fut pas la même chose avec l'ergo : elle m'a fait passer tout un tas de tests, fait faire un nombre incalculable d'exercice : j'ai même fait 2 tartes. *Ok, ça c'était cool !*

Les 5 semaines suivantes étaient exactement les mêmes que la première. A un détail près, je me sentais de plus en plus mal à l'idée d'y retourner : je me sentais de plus en déprimée, les séances d'ergo étaient éprouvantes, douloureuses et humiliantes. En effet, le fait de ne pas être capable de jouer au lego ou de jouer avec un boulier pour bébé était très compliqué à gérer pour moi. *Fierté mal placée, encore...* Ma sœur avait 6 ans et elle était capable de faire ces fichus lego en 30 minutes alors que moi j'ai assemblée 2 pièces sur la même durée. Mais tout a basculé lors de la dernière semaine : il était 10H je ne recommençais qu'à midi. Je passais donc aux toilettes pour me laver les mains *Stress=Toc.* Je sortais des toilettes et me dirigeais vers le lavabo pour faire ce rituel qui me rassurait. Il y avait tellement de blouses blanches autour de moi, j'en avais la tête qui tournait.

Je remarquais que la porte des toilettes handicapés était grande ouverte, le fauteuil roulant était sur le pas de la porte et debout dos à moi se trouvait une vieille personne en train d'uriner avant de déféquer sur la cuvette. ***GLOOUPS !!!*** A ce moment-là, je compris une chose : certes j'étais dans un hôpital pour les personnes accidentées mais je n'avais rien à foutre ici. ***Désolé mais AVC veut dire accident vasculaire cérébral, tu fais donc partie des accidentées que cela te plaise ou non !*** Je me dépêchais de partir à 12H30, j'avais terminé ces semaines en enfer mais j'avais retenu un truc : le neurologue m'a dit que si je n'avais pas atteint les 70 KG d'ici ma prochaine visite, je serais bonne pour y retourner. ***C'est mort j'y retournerais pas !!!*** Pendant de longs mois j'ai repoussé les rendez-vous chez le neurologue, terrifiée à l'idée d'y retourner (surtout à cause du fait que je devais atteindre les 70 KG avant le prochain rendez-vous). Pour lui, ça faisait seulement 2 KG mais, pour moi, ça en faisait 16 KG. ***Ça t'apprendra à mentir !!!*** Comme je traversais une période compliquée moralement, il n'en a pas reparlé (j'ai quand même évoqué l'idée de me jeter d'un pont, juste pour arrêter de penser). J'ai juste rappelé le taxi pour qu'il vienne me chercher directement dans le service ; *ça aurait dû me mettre la puce à l'oreille, il ne l'avait jamais demandé...* Il lui a fait un bon de transport pour m'emmener aux urgences psychiatriques, il a attendu avec moi dans la salle d'attente jusqu'à que je sois prise en charge. *Je lui dois une fière chandelle car je n'en menais pas large.* Une fois prise en charge on me fait mettre un pyjama bleu et l'on ne me laisse aucun effet personnel et on m'allonge dans un lit.

Je suis coupée du monde, je n'ai plus d'heure ni de téléphone, je réfléchis et me dit que j'aurais mieux fait de la fermer. *Rien que d'y penser j'ai des frissons.* Ils ont voulus me garder car ils pensaient que je pouvais être un danger pour moi-même, mon père a réussi à les convaincre de me laisser repartir. Ils m'ont juste filé une grosse dose d'antidépresseurs et un suivi psychiatre (je n'ai toujours pas arrêté).

Je hais ce handicap autant que je l'aime : il est injuste mais il fait partie de mon identité : il m'a donné un caractère que je n'aurais, peut-être jamais eu sans lui. Il m'a appris à grandir et à survivre dans cette jungle qu'est la vie. Pour moi, la plus grande épreuve qu'un être humain peut rencontrer c'est d'exister car même si on peut se faire aider, on est seule face sa dureté. *Chaque acte a ses conséquences.* Le droit à l'erreur n'est pas permis. Certains d'entre nous ne sont pas assez forts pour supporter cette épreuve et il préfère s'ôter la vie plutôt que de subir.

J'ai entendu tellement de gens dire que c'était faire preuve de lâcheté et j'étais d'accord avec eux maintenant que j'ai grandi je n'ai pas la même position. Pour moi, c'est faire preuve de beaucoup de courage : admettre sa défaite et affronter la plus grande peur de l'être humain je trouve que c'est très brave. *Si tous les lâches étaient considérés comme des êtres courageux, les choses seraient bien différentes.*

D'un autre côté, je hais ce handicap pour les mêmes raisons : celle que je suis, serait sûrement différente beaucoup plus innocente qu'actuellement : profitant des futilités et de la vie sans se rendre compte de sa dureté et de son caractère éphémère. J'envie l'insouciance de l'être humain, ce handicap me rappelle constamment à quel point nous sommes fragiles. C'est particulier de côtoyer des personnes qui ignorent la réalité *(consciemment ou non)*, la vie possède une douce amertume du fait de son caractère paradoxal. *Finalement, l'amour et la haine sont proches l'un de l'autre : ce sentiment nous prouve à quel point on tient à la cible de cet amour haineux.*

Il existe une dernière conséquence que je me dois d'aborder dans ce chapitre *et pas des moindres,* il s'agit du regard des autres et pas seulement par rapport au handicap mais surtout par rapport à ceux qui ne se voient pas forcément : par exemple même lorsque que j'ai ma canne et que je m'assois sur les places personnes à mobilité réduite, je me fais foudroyée du regard. *Une fois, une personne âgée m'a sorti que ma canne semblait plus être un accessoire de mode qu'autre chose.* Je trouve exaspérant que, comme je suis jeune, le fait d'avoir une canne pour me déplacer soit moins crédible.

Il arrive aussi également quelque chose qui m'énerve encore plus : c'est lorsque que je rentre qu'il n'y a plus de places assises et que ce sont les personnes âgées qui me proposent leur place. Dans ce moment-là, j'ai juste envie d'houspiller les gens pour qu'ils comprennent un peu. Cela me semble être une question de politesse ; il m'arrive régulièrement de céder ma place à des vieilles dames. *Celles-ci refusent et, bien sûr, personne ne filerait sa place. Non, c'est un monde quand même !*

J'avais perdu tout espoir en l'être humain jusqu'à ce que je parte à Londres avec mes parents et que je me rends compte des différences culturelles qu'il existe entre ici et là-bas :

1) je n'ai pas besoin de faire la queue à l'aéroport, le personnel de l'aéroport vient me voir et me fait passer devant tout le monde

2) Dans les transports en communs, il n'est pas rare de voir 3-4 personnes qui se lèvent pour me céder la place avec un sourire (ils ne demandent même pas si je veux m'asseoir, ils se lèvent et me regardent, basta)

3) j'ai intérêt à passer pour prendre le métro par l'endroit réservé aux handicapés : il est déjà arrivé que du personnel insistent pour que je passe par cet endroit. ***En gros, ils ne t'ont pas laissé le choix.***

4) Dans l'aéroport, je rentre avant les autres dans l'avion pour avoir de m'installer (je suis loin d'être prioritaire en France)

5) les panneaux pour indiquer les toilettes handicapées et les places prioritaires sont différents :

- pour les toilettes handicapées il y a un écriteau qui dit « tous les handicaps ne sont pas forcément visibles »

- dans les transports en communs, les places prioritaires sont indiquées par un bonhomme avec une canne, un fauteuil roulant et une femme enceinte.

La raison n°5 peut vous paraître dérisoire mais je ne suis pas de cet avis car tous ces panneaux nous les voyons depuis tout petit et ils conditionnent nos comportements, une fois adultes.

Mais la chose qui m'insupporte le plus c'est qu'on me regarde comme si j'étais une bête de cirque. ***T'es pas un peu parano sur les bords, hein ?*** Il n'est pas rare que des gens me toisent de haut en bas. Je comprends très bien que des gens puissent être interloqués mais ce que je ne supporte pas c'est quand ce regard s'éternise sur moi, c'est extrêmement désagréable et humiliant. Il y a 2 mois à peu près, j'ai fait une chute en tricycle, étant accroché à mon vélo je ne pouvais pas bouger. ***Je tiens tout de même à préciser que cette piste est séparée par une petite barrière de bois qui sépare la piste et la route***. Ce jour-là, il y avait beaucoup de circulation (les voitures avançaient en accordéon), donc je tombe, j'appelle mon père pour qu'il vienne me détacher et me relever. Le temps qu'il arrive, j'ai attendu 10 minutes durant lesquels, j'ai regardé les voitures passées les passagers me fixant avant de détourner la tête. Je connais très bien cette méthode, je l'appelle : si je te vois pas, tu me vois pas. ***Mais détourner le regard ne rend pas invisible, CONNARDS !!!!***

Je crois que c'est la pire conséquence de toutes car quand ça se multiplient c'est insupportable. On me dit toujours ignore les mais c'est facile quand ça arrive une fois de temps en temps, à la longue ça devient lourd.

CHAPITRE 6 :
LA LUMIERE AU BOUT DU TUNNEL
A Marlyse, ces douleurs ont provoquées des rencontres magnifiques. Tu en fais partie.

A) Tégrétol, Lyrica et autres traitements

Le premier problème, selon le neurologue, est mon poids : en effet, depuis le début des différents traitements : j'ai pris environ une trentaine de kilos. En premier, à l'âge de 15 ans, j'ai commencé à prendre 4 dolipranes par jour. Je les prenais en cachette car je ne voulais surtout pas que l'on voit ma douleur. Ensuite, j'ai commencé à prendre du Lyrica, il a marché, au début, c'était génial : la douleur avait diminuée, cela faisait un bien fou j'avais l'impression de redevenir moi. Mais cet effet, s'est bien vite réduit : la douleur remontait tranquillement me rappelant que je ne pouvais pas me débarrasser d'elle si facilement.

A la suite d'un énième rendez-vous avec le neurologue, il décide donc d'augmenter la dose (il la double). ***C'est là que les choses se compliquent.*** La douleur recommence à diminuer, j'en suis heureuse mais, bizarrement, je ne suis pas aussi contente que la première fois. En effet, j'ai peur que la douleur revienne au galop. Pourquoi ça marcherait cette fois-ci ? ***Attends de voir la suite avant de paniquer !*** En effet, ça ne marche pas très longtemps. De plus, comme si la douleur n'était pas suffisante, je commence à sentir les effets secondaires. Le premier jour, je suis complètement hagarde, cela m'inquiète. *Si j'avais su...*

Souffrant des effets secondaires (je m'endormais n'importe où, dans n'importe quelle position et je me sentais fatiguée, droguée...). On décide donc qu'il faut changer de traitement, je commence donc à prendre du Tégrétol, à faible dose d'abord, on augmente ensuite la dose progressivement mais je supporte mal les effets secondaires, mon neurologue décide de m'adresser à un anesthésiste qui exerce dans un centre de la douleur et qui sera sûrement en mesure de me proposer d'autre solutions.

Au départ, je ne comprenais pas pourquoi je devais aller voir un anesthésiste, j'avais l'habitude d'aller voir des neurologues. *Je pensais que les anesthésistes s'occupaient seulement d'endormir des gens toute la journée. Très soporifique comme métier.* Enfin, bref, trêve de plaisanterie, continuons. J'ai compris par la suite que l'anesthésiste n'endormait pas seulement les gens mais aussi leurs maux. On apprend alors qu'il y a deux autres solutions à me proposer : la 1ère a finalement marché.

B) Les perfusions et le sport

Ça y est, c'est le grand jour, j'ai réussi à me faire hospitaliser pour subir 10 jours de perfusions pour réduire ma douleur. Mais c'est à renouveler quand la douleur remonte et on n'est pas sûrs de l'efficacité. En fait, maintenant que j'y suis je n'ai plus trop hâte. J'ai même une trouille comme j'ai rarement eu. Trop de questions s'enchaînent : Et si ça ne marchait pas ? Et si ça marchait ? Et si fallait recommencer ? ***Enfin, une réaction normale, vu la situation c'est un bon début.***

Si ça marchait ce serait cool mais en même temps c'est effrayant. Je n'ai que très rarement pas souffert, cette douleur m'a endurcie, a fait de moi la personne que je suis aujourd'hui. Et si ce n'était plus le cas après ? Et si je devenais quelqu'un d'autre ? Encore pire, et si je m'habituais à moins souffrir et que ça ne fasse plus d'effet ? Je l'ai déjà vécu avant, je ne suis pas sûre de vouloir et pouvoir revivre ça. Les médecins me qualifient déjà de dépressive donc, en théorie, ça ne peut pas être pire… ***T'es sûre de toi, là ?*** Mais bon, il y a deux ans, je me disais que j'avais atteint le maximum de ma souffrance, si j'avais su. Et puis, ma famille a, aussi, besoin de me voir moins souffrir. On parle souvent de la personne qui souffre mais je peux vous assurer que, pour ma part, ils dégustent sacrément ! Je suis aigrie, chiante, grincheuse et j'en passe et des meilleures. ***Tu t'en rends compte que quand t'as moins mal, tu le sais ça, au moins ?***

Je viens de réaliser un truc, là tout de suite, et ça me terrifie. Je suis dans un hôpital, entourée de médecin, et tout ce qu'ils veulent c'est savoir mon niveau de douleur. Je suis ici pour subir des perfusions d'Anafranil à forte dose sur 10 jours en augmentant progressivement la dose. Je viens de répondre, quand on m'a posé la question, que je l'évaluais à 9/10. Et là, pas de réponses, rien ! Je suis en pleine crise, je transpire tellement j'ai mal et rien ! Je reste à souffrir dans mon coin, c'est pareil qu'à la maison, si ce n'est que l'on me laisse même pas dormir en paix. Je suis dans un environnement qui ne suscite que de l'angoisse chez moi, ce qui augmente mes douleurs et pour l'instant je n'ai pas de solutions à court terme. La belle vie, quoi ! ***Génial, j'ai hâte de recommencer !***

Ce qui est compliqué à gérer, pire que la douleur, c'est le moral et tout le processus de réflexion qui entoure cette nouvelle solution pour espérer réduire la douleur. Ça commence avec le regain d'espoir (qui peut être faux) : le fait d'avoir une solution, même incertaine, cela permet de s'y accrocher. Et même si les médecins et moi-même nous avons des doutes quant à son efficacité, je m'y accroche comme si ma vie en dépendait. Ce qui est, malheureusement, un peu le cas. Je n'ai plus de perspective et j'ai besoin d'espoir pour continuer à avancer mais à quel prix ? Si ça ne marche pas, je me laisserais porter par la vie, sans faire d'effort, je le sais d'avance, j'ai dépensé trop de force dans ce combat. L'hôpital est mon pire cauchemar et je suis en train d'y passer 10 jours, je sais que personne ne peut imaginer le prix que ça me coûte de rester dans cette chambre morne. Même si ce n'est que quelques jours, c'est déjà plus que n'importe qui, ce qui est trop pour moi. ***Enfin, on avance, reconnaître que tu ne supportes pas d'être différente, c'est un début !***

Ce matin, je me suis réveillée à 6H en larmes, sans forcément savoir pourquoi : mon moral était bon, je n'ai pas fait de cauchemars et je n'ai pas trop mal. ***Attends ??? Tu peux répéter ?????*** <u>J'ai pas trop mal !!!!</u> En fait, ces larmes ce ne sont pas de la tristesse, c'est de la joie. Mon cerveau n'a pas compris tout de suite mais mon corps et mon cœur eux ont vite captés le truc. J'ai perdu à peu près 1, 5 degrés sur l'échelle de la douleur. C'est la bonne nouvelle de l'année. Du coup, je ne redoute plus la perfusion, je l'attends. Les doses maximales ne sont pas atteintes. Serait-il possible que ma douleur diminue encore ? ***Finalement, espérer n'est pas mal.***

Et voilà à quoi l'espoir mène, il est 23H42, nous sommes le 4 mars et je viens (encore) de prendre la réalité en pleine tête : la douleur est remontée, je suis dans un lit d'hôpital en train d'écrire tout ce qui me passe par la tête et j'ai qu'une envie : oublier ces 6 derniers mois. Oublier que j'ai espéré et que, pour changer, ces espoirs étaient faux. Je suis énervée, en colère contre moi-même, contre ce fichu corps qui n'a pas été foutu de supporter les effets secondaires de ces perfusions. Enervée contre moi-même pour avoir été assez conne pour espérer allez mieux ! Je sais, maintenant, pourquoi je déteste l'espoir : quand il est anéanti, ça vous déchire le cœur en deux, retourne votre estomac et vous fait pleurer pendant des heures… Ça fait 3 jours que je ne suis plus perfusée. Pourquoi ? Parce que je vois flou. Ce coup-ci, ce sont mes yeux qui font de la merde. Dans le doute, on suspend les perfusions jusqu'à demain aprèm', je vais voir un ophtalmo et, ensuite, soit on reprend avec 3 jours de cure en moins, soit je sors et tout s'arrête soit, le plus optimiste, on reprend demain et je sors lundi (pour rattraper les 3 jours de cure manquants). *On dirait une série, qu'est-ce qui va se passer dans le prochain épisode ?*

Je ne vais pas pouvoir continuer à me relever et à me battre indéfiniment. Je veux plus vivre en ayant ces phases de désespoir avant de replonger dans des faux espoirs qui, une fois détruits, vous brise un peu plus à chaque fois. Ça fait 6 ans que je souffre, 6 ans que je ploie sous le poids de cette souffrance. Je m'accroche à une fichue corde que ma famille tire pour me sortir de là. Mais, à chaque faux espoir, cette corde s'effiloche un peu plus … ***Génial, cette métaphore est parfaite.*** J'accepte de faire des sacrifices énormes pour essayer de m'en sortir et, finalement, tout ce que j'obtiens c'est de la souffrance en retour. Le pire dans tout ça, c'est qu'il n'y a pas que moi qui souffre, ma famille aussi est impactée.

Pourtant ce coup-ci, j'y croyais vraiment et je crois que c'est pour ça que ça fait aussi mal : c'est comme s'il y avait une mini-moi qui hurlait à l'intérieur de moi. Et ce cri me déchire. Je ne supporte plus tout ça, j'aimerais être une coquille vide, sans émotions. Là, je le dis, ça sera la seule fois de cet ouvrage : CE N'EST PAS JUSTE, JE N'AI RIEN DEMANDE, MOI, MERDE A LA FIN !!!!!! J'aurais voulu que, juste pour une fois, juste pour cette fois, ça marche. Je ne suis pas chrétienne mais, j'espère qu'il y a un gars là-haut pour que je lui fasse regretter de m'avoir fait vivre ça !

J'ai pu enfin reprendre les perfusions, ce qui est plutôt une bonne nouvelle même si toutes ces inquiétudes ont juste réussies à refaire monter en flèche les douleurs. ***Comme c'est surprenant.***

Nous sommes au mois de juillet, la chaleur est écrasante, il est très tard (1H35) ***ou tôt ça dépend, à toi de choisir.*** La douleur est malheureusement remontée mais fût extrêmement facile de reprogrammer un deuxième round : la date est donc fixée au 1er octobre. Les seules différences par rapport à la dernière fois, c'est que les doses seront plus importantes car cette fois-ci, espérons qu'il n'y est pas d'interruptions. La deuxième différence, et sûrement la plus importante, c'est qu'elles se feront à la maison.

Cette nouvelle est à la fois bonne et mauvaise : d'un côté, c'est génial d'être à la maison dans un lit qui est nôtre et d'avoir sa famille pas loin, mais, d'un autre côté, c'est aussi un facteur de stress supplémentaire : je n'ai pas forcément envie que mes parents me voient dans cet état et je ne pourrais pas leur faire croire que tout va bien pendant 10jours 24H sur 24. C'est humainement impossible. Mais, ma plus grande angoisse c'est que lorsque j'étais à l'hôpital, lors de la première nuit, il s'est passé un truc. En effet, alors que je commençais à basculer dans un autre monde, la perfusion s'est détachée… J'ai eu l'impression que le temps a été suspendu à ce moment-là : j'avais un bout de la perfusion dans chaque main, je les maintenais

71

vers le haut mais je voyais quand même l'Anafranil s'en échapper. ***Un des pires moments de la cure, et pourtant, ça n'a pas été une promenade de santé.*** J'ai spammé le bouton pour appeler une infirmière, elles m'ont dit que j'avais très bien géré le truc mais j'ai quand même eu super peur car le produit qui s'écoulait dans ma main ne s'écoulait plus dans mes veines. Sans compter que, de l'autre tuyau s'écoulait un petit peu de sang (ce qui a tâché mon coussin d'ailleurs). ***J'ai eu l'impression d'être dans <u>Shining</u>, j'espère ne plus avoir à revivre ça.***

Bref, ces perfusions vont recommencer, ce qui est loin de me faire plaisir même si je me dis que j'ai eu quand même 3 mois où la douleur avait nettement diminuée. Certes, j'ai mis un bon mois à m'en remettre et je me suis sentie comme une loque pendant de longues semaines mais ces 3 mois ont été géniaux : je suis nettement plus efficace lorsque mon cerveau n'est pas concentré sur la douleur, je me sens l'âme d'un génie. Mais le pont négatif c'est que, comme je ne suis, au bout d'un moment, plus totalement défoncée ***(du moins, c'est ce que tu crois),*** tu te rends très vite compte que ton niveau de fatigabilité augmente très rapidement et que tu es quand même beaucoup moins efficace que les autres.

Le dernier problème que je tiens à soulever avec ces perfusions ce sont les effets secondaires. ***Rabat-joie !*** Non mais sérieusement, déjà je suis resté ko pendant 3 semaines derrière ; je tenais à peine debout, sans parler de pendant la cure où j'ai été vraiment épuisée. Je n'évoque pas non plus la bouche sèche (je tournais à 3L d'eau minimum par jour), les bouffées de chaleur ou les tremblements qui ont perdurés pendant des mois (ils sont encore présents mais beaucoup moins fort qu'au début). ***Tu galérais pour tenir un stylo ou boire un verre d'eau.*** Le plus dur ça a été que mes émotions ont été un vrai bordel pendant la cure (crises d'angoisse, sautes d'humeurs et confusion). Il y a également eu les vertiges après la cure et les pupilles dilatées. ***Vous connaissez Karl Lagerfeld, je me suis baladé pendant 3 semaines avec les mêmes lunettes que lui.*** J'ai eu une ou deux pertes de mémoire : il y a deux mois, impossible de me souvenir en quelle année j'avais passé le bac. ***Ça ce n'est pas les perfusions, c'est juste que tu es une vieille sénile.***

Ces effets secondaires peuvent paraître très lourds et ils le sont mais ils ne se combinent qu'une fois sortie de l'hosto. ***Sinon, c'est pas drôle.*** Mais le bénéfice est tel que tout est relégués au second plan quand vous sentez la douleur diminuer c'est magique. Ça en effacerait presque tous ces mois de douleur.

Je trouve ça très triste car, d'un côté, j'ai eu l'impression de gravir une montagne. Je veux dire par là que l'on a trouvé un moyen de réduire un minimum la douleur c'est trop génial. Mais, d'un autre côté, j'ai vu à quel point j'étais différente des autres et c'est assez douloureux.

J'ai compris il y a 4 ans que mon meilleur allié dans cette douleur était le sport. En effet, par suite d'un séjour de 12 jours en hôpital de jour, j'ai compris que le sport serait mon salut. Quand la douleur est devenue insupportable, je partais faire du vélo tous les soirs pour avoir ma dose d'endorphine. ***DROGUEE.*** Oui, et j'en suis plutôt fière ce coup-ci. Je suis droguée au sport, il ne se passe pas un jour sans que je me débrouille pour faire du sport. J'en ai besoin, dans les meilleurs cas, ça peut faire descendre de 20 % ma douleur (à force que l'on me demande mon degré de douleur sur une échelle sur 10, j'ai fini par faire une moyenne). ***Cette question m'est posée en moyenne 2 fois par jour, principalement ma petite sœur pour qui c'est devenu un rituel.*** Cette addiction (o peut parler d'addiction quand c'est minimum 1h/jour et ce, sans compter la marche) est totalement paradoxale. Effectivement, je suis handicapée et, de ce fait, mes capacités physiques sont réduites. Mais elles sont aussi accrues grâce à cette même douleur dont je suis l'esclave depuis tant d'années. Je pars du principe que tout est une question de mental, c'est pour cela que je suis capable de tenir 1min15s de gainage en planche horizontale. C'est tout de même le temps qu'il faut faire pour être admis dans la police.

Malheureusement, la douleur régit ma vie mais, lorsque je fais du sport, c'est moi qui décide (dans la mesure du raisonnable, bien entendu). Je n'ai donc pas peur de faire 10 km de marche et de faire 15 km de vélo derrière. Par exemple, durant ces vacances, voilà mon programme de sport lorsque je suis à la maison : 1H de step le matin, 20 abdos, 20 squats et l'après-midi je fais 10 à 15 km de vélo. ***Même en vigilance rouge canicule, ma seule limite c'était ma bouteille vide.*** Chaque séance de sport se déroule de la même façon. Prenons l'exemple du vélo ***le sport le plus efficace pour moi, l'effet est rapide et durable.*** Mon père m'emmène sur la piste cyclable en face de la maison, il m'harnache sur mon vélo. ***C'est un tricycle pour adultes avec des étriers avec des sangles au niveau des chevilles ainsi qu'aux pieds. Je te laisse imaginer.*** D'abord, il faut que je trouve le courage de démarrer ce qui signifie qu'il faut que j'ignore le regard des gens. Ensuite, il faut que fasse 3-4 allers-retours qui sont longs car je commence à avoir mes muscles qui râlent ***un handicap ça a des points négatifs quand même, sportive ou pas !***

Ensuite la douleur augmente de manière très significative et c'est là que le moral entre en jeu : les jours où je vais mal, j'abandonne et je remonte dans ma chambre pour continuer à me lamenter sur mon sort mais les jours où je vais bien, je brave la douleur *façon polie de dire que je l'emmerde,* et je pédale comme une dingue mettant ma rage dans chaque coup de pédale. Ensuite arrive la délivrance, après ce passage difficile l'endorphine commence à faire son apparition et là, je m'arrête seulement à cause du temps qui passe, du niveau d'eau de ma gourde qui descend ou parce que mon corps ne peux plus suivre.

C) Une rencontre qui a tout changé

Quand la douleur est devenue trop compliquée à gérer (il y a environ 3 ans), il a fallu des solutions pour me soulager autre que des médicaments : j'ai tenté l'ostéopathie, l'hypnose, la méditation, le magnétisme, la drogue (le cannabis), *pas super comme expérience : monter les escaliers a été un véritable défi (je n'ai pas d'équilibre mais là, c'était quelque chose)* et même la religion. En effet, je me suis dit qu'il n'avait plus à rien à perdre et que, peut-être, si je priais Dieu, il ferait partir la douleur. Même si ma religion s'approche plus du bouddhisme que de la chrétienté, je n'ai pas hésité à réciter un Notre Père puis à prier avant de me coucher. ***A genoux, parterre, on aurait dit Marie.***

Je suis allée jusqu'à la 1ère communion donc j'avais quelques notions de religion et, au catéchisme, on parlait souvent des miracles donc pourquoi pas moi ? Malheureusement, ça a été un échec.

Mon père m'a alors parlé d'un collègue qui souffrait de ces mêmes douleurs, j'ai donc commencé à discuter avec lui, il m'a donné le contact d'une dame en Suisse qui l'avait aidé et qui pourrait également m'aider. Je l'ai donc contacté et nous avons donc beaucoup discutées avant de se fixer un 1er rendez-vous à son cabinet en Suisse. J'ai donc rapidement réalisé que les soins qu'elle faisait n'avait rien de comparable avec ce que j'avais fait jusqu'à maintenant. ***La tête que tu faisais face à ses messages était assez explicite.*** Le jour j nous étions tous les 3 devant son cabinet.

Elle nous a fait entrer, nous avons discutés 5 minutes puis mes parents m'ont laissé avec elle. Je n'étais pas sûre de ce qu'il allait se passer. ***T'avais la trouille !*** Je ne vais pas mentir j'étais terrifiée. Un monde totalement inconnu s'est alors ouvert à moi. Je me suis allongée sur une table de soin ***super haute si je me souviens bien.*** Elle m'a couverte avec une grosse couette blanche puis a allumé de l'encens. A ce moment-là, je me souviens avoir « Qu'est-ce que je fous là ? Dans quoi je m'embarque ? » *Heureusement que le feeling passe bien avec elle sinon je serais parti en courant.* Dès que le « soin » a commencé, j'ai senti de la chaleur traverser son corps, une chaleur flippante mais paradoxalement rassurante.

Au bout d'un moment, elle a demandé si elle pouvait me toucher et c'est là que j'ai compris que ça allait bien se passer et, peut-être, changer quelque chose : personne, ni les médecins, ni les kinés et ostéos, ne m'a demandé si j'étais d'accord pour que l'on me touche : pour eux, c'était acquis. *C'est pourtant super important !* Elle a commencé à manipuler ma main avec douceur, sans forcer quoi que soit et, petit à petit, ma main a commencé à s'ouvrir, mon poignet s'est lentement déroulé, retombant à plat sur ma cuisse. Je l'ai regardé : elle pleurait, je dois avouer que j'ai aussi laissé échapper une ou deux larmes. *Pourtant, je n'aime pas pleurer je retiens beaucoup mes émotions.* Je ne comprenais rien à ce qui se passait, *ce qui m'énervait beaucoup à l'époque,* je lui ai donc demandé si elle l'avait cassé, elle m'a regardée complètement perplexe. C'est alors que je lui ai expliqué que je n'avais jamais vu mon poignet comme ça. *Du moins, jusqu'à ce moment-là,* le temps qu'elle assimile ce que je venais de dire, j'avais déjà compris : c'était sa forme de base. On le regardait comme un miracle, cet instant magique restera gravé jusqu'à ce que je m'éteigne. On était tellement choqué que nous l'avons pris en photo puis que nous ne savions pas combien de temps ça allait rester ainsi. La séance a duré 5h30, j'ai mis 2 semaines à m'en remettre. Sur le chemin du retour, je testais mon poignet, j'attrapais des trucs, je l'observais curieuse de ce qu'il pouvait faire. Le retour est passé plus vite que l'aller. La suite a été beaucoup plus compliquée, j'étais très remué par ma séance : mes émotions étaient un joyeux bordel, passant du rire aux larmes en quelques secondes, débordant d'énergie à 23H épuisée à 10H du matin. J'ai hurlé sur mes parents sans aucune raison mais comme ils étaient prévenus, ils n'ont rien dit. Pour accepter mon poignet se fût plus compliqué. A l'époque je lui avais envoyé ce message :

« J'ai constamment le regard rivé sur ma main et c'est comme si elle était toute neuve et c'est compliqué à expliquer mais comme si c'était plus la mienne... »

Tant d'années à la voir bloquée ainsi, j'avais vraiment l'impression qu'on m'avait greffé une deuxième main... moi qui suis très cartésienne et rationnelle, j'ai eu beaucoup de mal à accepter qu'il n'y avait rien à comprendre.

A chacune de nos rencontres qui ont suivies nous avons découvert de nouvelles choses (certaines horribles, d'autres magnifiques). La connexion s'est renforcée, et, pourtant, à chaque fois, j'y vais la boule au ventre car je nais jamais ce qui va se passer : ni elle ni moi n'avons le contrôle sur ces événements. Et pour moi, qui est une vraie maniaque du contrôle, ***beaucoup de gens vont sourire en lisant ces mots,*** aller la voir a été compliquée mais au moins en allant la voir j'ai pu entamer « un chemin intérieur » que je n'aurais certainement pas entamé ce chemin seule car il est terrifiant et je m'y serais certainement mal prise ou pire encore, j'aurais abandonné trop peureuse, paralysée par des émotions que je n'avais jusqu'à maintenant, jamais ressenties.

Depuis ce jour, nous nous voyons une à deux fois par an. C'est comme si on s'était quittées la veille à chaque fois, c'est bizarre. Je lui envoie peut-être une dizaine de messages dans l'année mais, à chaque fois, ce sont toujours des messages importants. Les moments où nous nous voyons sont sûrement les instants plus terrifiants jusqu'à maintenant : à chaque fois j'ai l'impression de changer, de découvrir quelqu'un d'autre. Heureusement, je sais que je peux me laisser aller, je sais que je suis en sécurité avec elle.

Cette phrase peut vous paraître bizarre mais le sentiment de sécurité est essentiel, lors des soins on apprend à se connaître et à écouter notre corps en mettant notre cerveau sur pause. Seul le corps, cela peut être angoissant pour certaines personnes, ***Pourquoi je me sens visée ?*** Mon corps n'étant que souffrance, l'écouter c'est aussi se concentrer cette souffrance que j'essaye désespéramment d'oublier.

CHAPITRE 7 :
L'ESPOIR D'UNE NOUVELLE VIE

A papa, toi qui est toujours là pour me protéger, à toi, maman qui a beaucoup sacrifié pour nous. Je vous aime fort !

Je n'ai pas écrit depuis 3 mois, et devinez pourquoi ? *Je suppose que tu vas nous dire pourquoi ?* Merci Cap 'tain Obvious, bien sûr que je vais le dire ! Ça a super bien marché, j'ai eu moins mal, pendant 3 mois. J'aurais aimé que cela dure plus longtemps. *Jamais contente celle-là (lève les yeux au ciel).*

Je ne cherche pas de responsable à ma souffrance car il n'y en a pas. J'ai mis extrêmement longtemps pour le comprendre. *Parce que tu l'as compris ?* Ce n'est pas la faute de mes parents mais ça je l'ai hyper vite compris. Mais surtout ce n'est pas ma faute *(bon ok c'est encore en cours de processus) :* je n'ai rien fait pour mériter ça, je ne suis pas fautive, personne ne l'est. Hormis Dieu, s'il existe. *D'ailleurs, Big Boss, toi et moi, va falloir qu'on discute !*

Le handicap n'est clairement plus un problème (bon, il arrive parfois qu'il me frustre car il m'empêche de faire certaines choses) et je ne suis plus triste qu'il soit là, au contraire. Je suis contente qu'il soit là depuis le début car je sais que certaines personnes en sont atteintes lorsqu'elles sont plus vieilles (lors d'un AVC, par exemple).

Les prochaines perfusions devraient se dérouler au mois d'octobre normalement car il faut minimum 6 mois entre chaque perfusion et, ensuite, c'est à moi de décider quand est ce qu'il faut recommencer. A mon grand désarroi, il est temps, nous sommes fin juin et bien sûr, en plein pic de chaleur ce qui rend beaucoup plus intense la douleur. Heureusement, il y a la clim ce qui réduit un petit peu la douleur même si celle-ci est très présente.

La première bonne nouvelle depuis de nombreux mois est tombée : Je passe en 3ème année !!! ***YOUPIII, t'as eu chaud ce coup-ci !!!!*** Le traitement que j'ai supporté et que je supporterais valait le coup, rien que pour ça. Mes deux piliers sont solides : ma famille et ma formation. Ma famille commence à remonter une pente qui paraissait infranchissable et comme je passe en 3ème année, je peux commencer à souffler. ***JE N'Y CROIS TOUJOURS PAS (saute mentalement de joie).*** Passage en 3ème année, ces 4 mots ont tellement de pouvoir, c'est comme s'ils me permettaient d'oublier et de réduire toutes les épreuves que j'ai supporté depuis 3 ans. C'est comme si tous ces sacrifices, tous ces cris, ces larmes prenaient tous leurs sens. Je n'ai pas de recul mais, pour une fois, j'écris sous le coup de l'émotion, mes larmes ont coulées sous l'effet de la joie. Il est 22H37, je suis supposée être couchée depuis 37 minutes mais, je n'en ai pas envie, je veux savourer ce sentiment de plénitude, tellement rare mais Ô combien grisant ! *J'ai fait tellement de bruit en appelant mes parents pour leur dire, ils ont crus qu'il y avait une araignée dans ma chambre.* Il y en aurait une nous aurions dansées ensemble. *Hé, c'est moi qui fais les blagues !!!*

Ecrire m'a permis de comprendre une chose : la nature humaine est complexe : à la fois cruelle et magnifique, rien n'est jamais tout blanc ou tout noir mais une chose est sûre : chacun à sa place même la pire ordure sur Terre joue un rôle crucial.

Je vais bientôt clôturer ce livre, je veux simplement que vous sachiez qu'enfin de compte, on pense être seul face à sa souffrance ou celle d'un proche mais ce n'est pas le cas. J'ai tenté plusieurs pistes, ça m'a pris des années et elles ne sont peut-être pas définitives mais qui ne tente rien n'a rien. *Formule surfaite !!!* Voltaire a dit un jour : « la douleur est aussi nécessaire que la mort ». *Ta gueule Voltaire !* La mort est nécessaire ok, mais pas la douleur, il existe de plus en plus de méthodes pour soulager tous types de douleurs et aucune solution ne doit être mise de côté. *Même si elle peut sembler complètement perchée.* Je pense qu'il faut tout essayer et pour moi, la solution est, pour l'instant, de mélanger médecine classique et médecines plus particulières.

Le seul conseil que je peux vous donner c'est : PROFITER. ***Ça y est, elle a enfin comprit…*** Effectivement, j'ai compris, les problèmes (souffrance physique, psychologique…) sont omniprésents dans notre quotidien mais ce n'est pas grave parce que chaque sourire est une victoire. Je me dis constamment que je souffre et que je souffrirais encore beaucoup, ***ça serait bête de penser autrement,*** il y a tout de même des choses qui me permette une survie plus agréable : regarder <u>Kaamelott</u> en savourant une glace, par exemple. ***D'ailleurs, monsieur ASTIER si vous passez par-là, superbe série et j'admire beaucoup votre travail et votre polyvalence (je serais honorée de discuter, de faire votre connaissance).*** Ben voyons, Alexandre ASTIER rien que ça… Mais la seule qui fait le plus de bien : ce sont des moments en famille : les réveillons dans le canapé, les journées shopping… Il faut profiter et graver chacun de ces moments dans votre mémoire comme ça, les jours où ça ne va pas, remémorez-vous ces moments si précieux. ***Un replay n'a jamais fait de mal à personne au contraire.***

Ah si, je relis ce paragraphe et il y a autre chose que vous pouvez faire : parlez. Même si les personnes autour de vous n'ont pas de solutions, avoir

Effectivement, ça peut être une bonne idée, j'ai voulu tout garder à l'intérieur et voilà où ça m'a mené…

Je sais que la route est encore longue avant que je fasse la paix avec moi-même et que je commence à vivre ma vie comme je l'entends et uniquement pour moi mais je pense qu'à terme, j'y arriverais. Même si la majorité de ma vie sera sûrement derrière moi, je le ferais.

L'idéal serait maintenant que je commence un peu à penser à moi et, pourquoi ne pas me trouver un copain. Enfin ça, seul l'avenir nous le dira.

En fait, je crois, qu'en fin de compte, je peux être fière de moi.

MES CONSEILS :

- Faire attention, surtout à l'école, aux petites phrases, aux « chamailleries » qui, parfois, peuvent se révéler être de la maltraitance. *Evitons la paranoïa, quand même.*

- Parler que ce soit aux médecins, à la famille ou à des amis : beaucoup de personnes peuvent aider mais pour ça, il faut parler. *Personne n'est devin.*

- Faire du sport : l'endorphine peut être un bon compromis avec les médicaments. *Et puis, le sport c'est cool !*

- Ne pas hésiter à se rapprocher des associations : elles ont des contacts et rencontrer des personnes dans des situations semblables est agréable et utiles.

- Si la médecine « classique » ne marche pas ou pas complètement, ne pas hésiter à se tourner vers les médecines « parallèles ». *La combinaison des deux peut s'avérer efficace.*

- Les émotions jouent un rôle important dans la gestion du handicap, de la douleur et même tout simplement dans la vie de tous les jours.

Chaque personne réagit de façon différente face aux événements de la vie, il n'y a pas de bonnes manières de se comporter. Si vous connaissez une personne qui souffre (de n'importe quelle façon), je pense que le plus important est de lui montrer que vous êtes là pour elle *surtout elle semble refuser l'aide que vous voulez lui apporter, quand elle sera prête, elle s'en saisira.*

Si vous êtes la personne qui souffre, que vous vous êtes retrouvé dans certaines choses que j'ai écrites, Ne faîtes les mêmes erreurs que moi : demandez de l'aide. *Ça me rappelle la fois où tu n'arrivais pas à ouvrir ta salade et plutôt que de demander de l'aide tu as préféré ne pas manger. Surtout qu'il y avait des intervenants et des élèves dans la pièce d'à côté. Espèce de fierté mal placée.*

REMERCIEMENTS

Tout d'abord, je tiens à remercier les médecins qui ont cherchés et cherchent toujours des solutions contre les douleurs neuropathiques (que ce soient les médecins ou les chercheurs).. Merci, aux kinésithérapeutes qui me permettent, chaque jour, de conserver une mobilité voire de faire des progrès dans ma rééducation. Merci à Bénédicte pour ses précieux conseils qui m'ont permis d'avancer dans ma réflexion et de concrétiser ce projet de livre. Merci, d'une façon plus générale, à tous ceux avec qui j'ai discuté de ces sujets et de mes réflexions. Merci à Emilie, ma meilleure amie, pour son soutien lorsque j'étais au fond du trou, merci de m'avoir sauvé la vie (même si tu le sais pas) : sans toi, je ne serais probablement plus là aujourd'hui...

Et surtout, merci à vous, chers lecteurs, vous avez été mes « thérapeutes », à travers votre lecture, j'ai pu m'exprimer sans filtre. Je peux enfin essayer d'accepter mon histoire et faire le deuil de ce que je n'est pas vécu et de ceux qui sont partis trop tôt.